国家职业技能鉴定
操作技能强化训练（学生取证专用）

茶艺师（中 级）

劳动和社会保障部教材办公室组织编写

中国劳动社会保障出版社

图书在版编目(CIP)数据

茶艺师：中级/劳动和社会保障部教材办公室组织编写. —北京：中国劳动社会保障出版社，2006

国家职业技能鉴定操作技能强化训练（学生取证专用）

ISBN 7-5045-5483-9

Ⅰ.茶…　Ⅱ.劳…　Ⅲ.茶-文化-职业技能鉴定-自学参考资料　Ⅳ.TS971

中国版本图书馆 CIP 数据核字(2006)第 011178 号

中国劳动社会保障出版社出版发行

（北京市惠新东街 1 号　邮政编码：100029）

出 版 人：张梦欣

*

三河市华骏印务包装有限公司印刷装订　新华书店经销

787 毫米×1092 毫米　16 开本　9 印张　208 千字

2006 年 5 月第 1 版　2019 年 8 月第 11 次印刷

定价：14.00 元

读者服务部电话：（010）64929211/84209101/64921644

营销中心电话：（010）64962347

出版社网址：http://www.class.com.cn

前　言

《国务院关于大力推进职业教育改革与发展的决定》中明确指出：要严格实施就业准入制度，加强职业教育与劳动就业的联系。与此同时，职业资格证书已逐步成为各级各类职业院校学生求职择业的“通行证”。

为了进一步贯彻《决定》精神，衔接各级各类职业院校学生的专业学习与鉴定考核要求，提高学生的职业能力水平，劳动和社会保障部教材办公室在调研全国百余所职业院校教学实际状况的基础上，针对参加职业技能鉴定的学生群体，组织编写了《国家职业技能鉴定操作技能强化训练（学生取证专用）》系列教材（以下简称《技能强化训练》）。《茶艺师（中级）》就是系列教材中的一本。

《技能强化训练》内容以国家职业技能鉴定考核要点为依据，全面体现“考什么、编什么”，有助于学生熟练掌握鉴定考核要求，对取证应试具有直接的指导作用；在结构上，《技能强化训练》分为应试指导、实战演练、亲临考场、理论知识强化四部分，引导学生在职业技能鉴定前进行科学的应试复习，其中前三部分直接指导操作技能考核，理论知识强化部分直接指导理论知识考核。《技能强化训练》在语言运用上力求简洁精炼，特别是在实战演练部分中多采用指令性语言，明确指导完成训练项目的实际操作步骤，使学生在短期内快速掌握鉴定考核要求。

《技能强化训练》既可作为各级各类职业院校及高等院校学生鉴定前短期强化培训教材，也可作为鉴定前应试辅导自学用书。

《国家职业技能鉴定操作技能强化训练——茶艺师（中级）》由姜艳、宋孝仁、吴丹、王丹丹、郑晓秀编写，王琼主编，王立明副主编，审稿马德顺。

《技能强化训练》的编写模式是一次全新的探索，具有一定的难度，由于时间仓促，缺乏经验，不足之处恳请广大读者提出宝贵意见和建议。

劳动和社会保障部教材办公室

内容介绍

职业资格证书逐步成为就业通行证，国家职业技能鉴定的应试人数也因此而日益攀升，本书的读者对象是职业技能鉴定应试人员中的学生群体。在内容上，根据考核要点的要求，逐条对读者进行鉴定前的强化训练；在形式上，根据考前科学的复习方式，逐步引领读者进入鉴定考核实战空间，并帮助读者到达胜利的彼岸。本书包括应试指导、实战演练、亲临考场、理论知识强化4部分。

应试指导——根据操作技能鉴定考核要求给出“技能鉴定考核试题形式”“试卷的组成及考核注意事项”“提高适应能力，考出好成绩”“考核内容”4项内容，旨在帮助和指导读者在考核前做好知识和心理等多方面的应试准备。

实战演练——根据操作技能考核的要求，逐条对考核要点的操作技能进行具体指导，旨在使读者深入理解考核要点的要求，并熟练掌握考核要点要求的操作技能。

亲临考场——通过完整的操作技能考核试卷使读者熟悉考试形式，了解考场规则、评分原则和标准，有针对性地进行考前准备。

理论知识强化——根据理论知识鉴定考核要点的要求，给出理论知识考试复习重点内容，旨在帮助读者在考前对理论知识考核要点内容进行强化记忆，起到“临阵磨枪”的作用。

目　录

应试指导

在决定参加国家职业技能鉴定考试之前，你知道应该做哪些准备工作吗？

本部分根据操作技能鉴定考核要求给出“技能鉴定考核试题形式”“试卷的组成及考核注意事项”“提高适应能力，考出好成绩”“考核内容”4 项内容。其中考核内容收录了 2 个表格，即操作技能鉴定考核要点表和理论知识鉴定考核要点表，这 2 个表格是下述实战演练、亲临考场、理论知识强化 3 部分内容的直接依据。同时通过这 2 个表格，可以使你对国家职业技能鉴定的考核内容结构及鉴定要求一目了然。

现在就帮助和指导你在考核前如何做好知识和心理等多方面的准备。

技能鉴定考核试题形式

操作技能鉴定考核包括茶叶的冲泡、干茶评定和茶汤评定 3 部分内容。

技能操作鉴定考核为现场操作，按要求在规定的时间内完成操作内容，并达到规定要求。

理论知识鉴定考核采用笔试形式，题型多为选择题、判断题。

试卷的组成及考核注意事项

◆ 试卷组成

• 一套完整的技能试卷包括“准备通知单”“试题正文”和“评分记录表”。

• “评分记录表”包括扣分、得分、备注以及考评员签字，该部分内容由考评员填写，考生不得填写。

◆ 计分

考核采用百分制，60 分为合格。

◆ 考核时间

• 所有操作技能考核项目的鉴定内容必须在规定时间内完成，不得超时。

• 在某一试题考试中节余的时间不能在另一试题考试中使用。

• 总考试时间为各模块下典型试题考试时间的总和。

试卷头中准考证号、考生单位及姓名由考生填写，得分情况由考评员填写。考生在拿到试卷后应首先检查试卷是否和自己所报考的工种、级别相一致。

提高适应能力，考出好成绩

◆ 提高快速、准确地解决实际问题的能力

◆ 做好考前的针对性练习

◆ 做好考场的适应性练习

考场的适应性练习是指在临近考试前，均应到技能鉴定考试现场进行考前适应性练习。要熟悉鉴定考试环境和鉴定站准备的工具、量具和设备；要根据鉴定范围，演练一两个具有代表性且综合性强的项目，以熟悉操作内容，减轻考前焦虑紧张的情绪，增强信心，发挥应有水平。

◆ 重要提示

• 考生必须听从鉴定站工作人员的统一指挥，按准考证的要求进入指定的考场、考位。

• 携带准考证、身份证等证件。

• 仔细阅读试卷，明确考题和考核要求，形成正确的操作思路。

• 心态稳定、镇静、自信。

• 严格按照操作程序进行。

• 把握好时间，以便获得完整的、正确的考核结果，以免因时间不够而影响考核成绩。

• 考核过程中一旦发生事故，要沉着冷静，积极配合考务人员做好处理工作。

考核内容

中级茶艺师操作技能鉴定考核要点表

考核范围	考核比重（%）	考核要点	重要程度
礼仪	5	良好的仪容仪表	熟知
		与顾客有效沟通	熟知
接待	10	接待服务	掌握
茶艺准备	20	茶叶品级的识别	掌握
		茶具质量的识别	熟知
		茶艺茶具的配置、表演台的布置	掌握
茶艺演示	50	音乐、服饰、插花、薰香、茶挂的选择和配置	掌握
		茶艺表演的主泡	掌握
茶艺服务	10	清饮法和调饮法	熟知
		有关茶艺问题的解答	掌握
销售	5	货品调配的建议	熟知

中级茶艺师理论知识鉴定考核要点表

考核范围	考核比重（%）	考核要点	重要程度
礼仪	10	服务礼仪中的语言表达艺术	熟知
接待	20	服务礼仪中的接待艺术	掌握
茶艺准备	15	茶叶质量分级知识	掌握
		茶具质量知识	掌握
		茶艺茶具配备基本知识	熟知
茶艺演示	25	茶艺表演场所布置知识	掌握
		艺术表演基本知识	掌握
茶艺服务	15	艺术品茗知识 了解中国各地名茶、名泉	熟知
		茶的清饮法和调饮法知识	掌握
销售	15	货品调配知识	熟知

实 战 演 练

如果你想顺利地通过职业技能鉴定，成为一名称职的中级茶艺师，仅有理论知识是不够的，你是否具备较强的动手能力至关重要。本部分编写的目的就是在你参加鉴定考试之前，帮助你强化训练动手能力。

本部分以操作技能鉴定考核要点表为直接依据，针对操作技能考核要点的要求，按照考核项目给予具体的技能操作指导。

现在就让我们动手操作吧！

考核要点 1——接 待 服 务

重点掌握

¤ 接待服务中对仪容仪表的要求。

¤ 接待服务的基本流程。

¤ VIP 宾客的服务。

¤ 有效语言沟通的技巧。

¤ 解答有关茶艺问题的技巧。

[训练 1] 接待服务

1. 考核要求

(1) 仪表整洁，仪容端正；声音清晰、甜美。
(2) 举止文雅，动作规范；态度认真，亲切自然。
(3) 满分 10 分，考试时间 10 min。

2. 操作前应准备的用品

(1) 清洁用品：肥皂 1 块、洗手液 1 瓶。
(2) 美容用品：粉底 1 个，唇膏、眉笔各 1 支。
(3) 服务用品：拖盘 1 个、茶单 1 份、圆珠笔 1 支。

3. 接待服务的基本步骤

基本步骤描述

上岗准备→进入岗位→迎接宾客→引导领位→递送茶单→等候点茶→为宾客结账→送客。

步骤 1 上岗准备

◆ 将头发梳理整齐，如是短发，在低头时头发不应落下挡住视线；如是长发，应将长发束在脑后。

◆ 洗净面部，用粉底、唇膏、眉笔等美容用品化淡妆。

◆ 用肥皂、洗手液清洗双手，将手指甲修剪整齐，如图 1 所示。

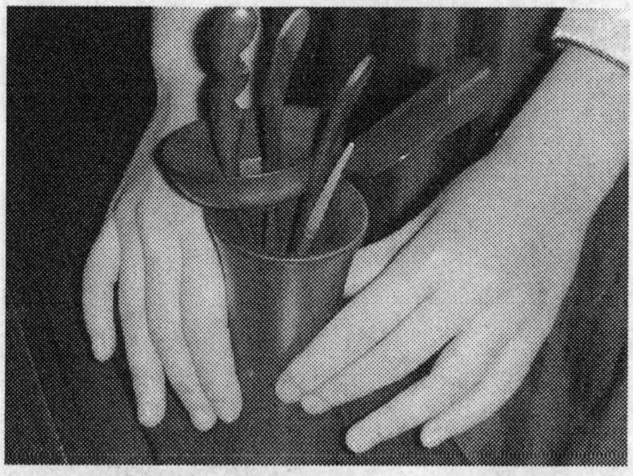

图 1　整洁的手

◆ 穿戴好样式统一的制服，如图 2 所示。

图 2　样式统一的制服

特别提示：

◆ 茶艺员双手要保持干净，不留长指甲，指甲不涂颜色；手上不戴饰物。

◆ 男茶艺员的仪容要求与女茶艺员基本相同，要将面部修饰干净，不留胡须。

◆ 穿戴制服前，要检查其是否整洁。

步骤 2 **进入岗位**

精神饱满、面带微笑地进入工作岗位，站位规范。

特别提示：进入岗位后，要保持精力集中，随时准备接待每一位来宾。

步骤 3 **迎接宾客**

笑脸迎接宾客进入茶艺馆，并致“您好，欢迎光临!”的问候，如图 3 所示。

图 3　行鞠躬礼问候来宾

特别提示：

◆ 宾客若用双手合十礼致意，茶艺员也可采用此礼来迎接宾客。在为信奉佛教的宾客服务时，可行合十礼，以示敬意。

◆ 宾客再次光临时又带来了新宾客，对新宾客要像对待老朋友一样，应特别热情地招呼接待。

◆ 不要主动与僧尼握手，在与他们交谈时不能问僧尼的尊姓大名。

步骤 4 **引导领位**

对宾客说“请这边走”，并走在宾客左前方二三步处引领宾客，将不同的宾客引领到能使他们满意的座位上，如图 4 所示。

图4　引导领位

特别提示：

◆ 引导领位和为宾客引路指示方向时，应掌心向上、面带微笑，眼睛看着目标方向，并兼顾宾客是否意会到目标，切忌用手指来指去。

◆ 对于年老、体弱的宾客，应尽可能安排在离入口较近的位置，以便于他们的出入，并帮助他们就座，以示服务的周到。

◆ 对有明显生理缺陷的宾客，要将其安排在能遮掩其生理缺陷的位置就座，以示体贴。

步骤5　递送茶单

◆ 将茶单放在托盘内，双手托盘，递给宾客。

◆ 耐心地等待宾客的吩咐。

步骤6　等候点茶

等候在客人座位旁边，记录宾客所点茶品。

特别提示：

◆ 当宾客对饮用什么茶或选用什么茶食拿不定主意时，可热情礼貌地进行推荐，使宾客感受到服务周到。

◆ 留意宾客的细小要求，如“茶叶用量的多少”等问题，尊重宾客的意见，满足宾客的服务要求。

步骤7　为宾客结账

当宾客提出结账时，双手用托盘递上消费账单，并请宾客查核消费款项有无出入。

特别提示：宾客赠送小费时，要婉言拒绝，自觉遵守工作纪律。

步骤 8 送客

用“欢迎再来”欢送客人。

特别提示：当客人对服务提出意见或建议时，要边微笑边点头用心倾听，并可以用“哦”“我们会留意这个问题”等话语以示对客人的尊重。

［训练 2］有效的语言沟通

基本步骤描述 客人来时有迎声→客人问时有答声→客人走时有送声。

特别提示：

◆ 在茶艺服务工作中，对客人最为普通的称呼是“先生”“小姐”。切忌使用“喂”来招呼宾客，若是宾客离你较远，也不能高声叫喊，而应主动上前恭敬地称呼宾客。

◆ 上午遇到宾客问候“早上好”，下午遇到宾客问候“下午好”，在晚上遇到宾客问候“晚上好”。

◆ 遇宾客有事召唤，但距离较远时，可点头表示自己马上就会前来服务。

◆ 在与宾客对话时要自动停下手中的工作，站立并全神贯注、边微笑边点头地倾听客人的提问。

◆ 快速地对宾客的合理要求做出令宾客满意的答复。对宾客的过分或无理要求应婉言拒绝。凡是答应宾客随后再作答复的事，一定要守信，否则是一种失礼行为。

◆ 在回答宾客的问题时，要做到语气婉转、口齿清晰、语调柔和、声音大小适中。一时回答不了或解答不清的问题应先向宾客致歉，待查询后及时作答。

［训练 3］解答有关茶艺的问题

基本步骤描述 倾听客人提问→解答客人提问→处理服务问题→反馈处理结果。

特别提示：

◆ 宾客在消费时，由于对茶品不熟悉，必然要向服务员询问各种问题，这是商业活动中的正常现象。

◆ 态度冷静地面对爱挑剔、提出无理要求，甚至胡搅蛮缠客人的提问。虚心听取正确意见、积极采纳合理建议。

◆ 若是宾客提问时的态度不好，服务员也要说话和气、礼让三分，不能因为宾客无礼也“以牙还牙”。服务员要学会以理服人，而且要善于说理。“得理让人”可以显示服务员的宽阔胸襟。

◆ 如果与宾客发生争执，同班服务员应从旁劝解，并迅速将情绪激动的宾客带离营业区域，并做好安抚工作，不可跟着起哄。即使宾客无理取闹，也不能群起而攻之，否则既有损于茶馆本身的形象，也不合乎礼仪接待要求。

◆ 及时将问题处理的结果反馈给有关宾客是对客人的尊重和对其所提问题的重视。

[训练 4] 为宾客提供 VIP 服务

<u>基本步骤描述</u>　上岗准备→进入岗位→迎接客人→引导领位→递送茶单→等候点茶→为客结账→送客。

特别提示：

◆ 茶艺员每天上岗前要了解是否有 VIP 宾客预订。如果有预订，要了解 VIP 宾客预订的时间、人数以及 VIP 宾客的特殊要求等信息。

◆ 根据 VIP 宾客的要求配备茶品，所用的茶品、茶食必须符合质量要求。

◆ 精心挑选与茶品相适宜的茶具并认真消毒。在预订时间提前 20 min 将所备茶品、茶食、茶具摆放好，确保茶食的新鲜、洁净、卫生。

考核要点 2——识别绿茶的品级

重点掌握

¤ 绿茶品级的识别方法。

¤ 绿茶品级的识别步骤。

[训练] 识别绿茶的品级

1. 考核要求

(1) 准确识别 6 种主要绿茶的品级。

(2) 满分 5 分，考试时间 2 min。

2. 操作前的准备

(1) 6 种常用绿茶各 15 g。

(2) 赏茶盘 6 个。

3. 识别绿茶品级的基本步骤

<u>基本步骤描述</u>

观看茶色→查看茶形→品闻茶香。

<u>步骤 1</u> 观看茶色

◆ 将准备好的 6 种绿茶，分别拨入赏茶盘中，逐一摆放在茶桌上。

◆ 观看绿茶的颜色，识别茶叶品种。

• 肉眼观看的干茶若叶色翠绿、外表披满白毫的，是银白隐翠型或银绿型绿茶，是从多茸毛品种上采收的细嫩原料制作的成品茶，如洞庭碧螺春等，如图 5 所示。

•肉眼观看的干茶若色泽绿中微带黄的，则为翠绿型或嫩绿型绿茶。它是用在早春或高山采收的细嫩原料经加工后制作的成品茶。如西湖龙井（如图 6 所示）、信阳毛尖、六安瓜片（如图 7 所示）等。

图 5　洞庭碧螺春

图 6　西湖龙井

•肉眼观看的干茶若色泽青绿不带黄的，则为深绿型绿茶，又称青绿、苍绿、菜绿型绿茶。它是用采收的细嫩原料经加工后制作的成品茶。如太平猴魁（如图 8 所示）、庐山云雾等。

图 7　六安瓜片

图 8　太平猴魁

•肉眼观看的干茶，若绿中带黑的，则为墨绿型绿茶。它是嫩采原料经加工后制作的名茶。如涌溪火青；适中采原料制成的炒青、烘青以及精制成的眉茶、珠茶、雨茶。

•肉眼观看的干茶，若绿中带黄的，则为黄绿型绿茶。它是适中采原料制作的名茶，如舒城小兰花，或原料以一芽三叶和相应的对夹叶为主制作的中、下档烘青、炒青。

•肉眼观看的干茶，若呈象牙色，则为金黄隐翠型。它是以单芽或一芽一叶为原料制成的，如黄山毛峰等，如图 9 所示。

◆ 肉眼观看茶叶呈嫩绿或翠绿色、有光泽，则为新的绿茶。

◆ 肉眼观看茶叶灰黄、色泽暗晦，则为陈绿茶。

图 9　黄山毛峰

特别提示：

◆ 嫩绿型绿茶在制作过程中只炒不揉或轻揉，有的在干燥时要将外表白毫摩擦脱落。

◆ 深绿型绿茶因其品种叶色较深或在炒制中揉捻较充分而得名。

◆ 细嫩原料是指芽尖到一牙二叶初展的茶叶；适中采原料是指一芽二三叶及相应对夹叶的茶叶。

◆ 新茶香气清鲜，维生素 C 含量较高，多酚类物质较少被氧化，汤明叶亮，给人以新鲜感。

◆ 有些茶叶经合理的短时间存放，甚至久存后，品质更佳。例如西湖龙井、旗枪和莫干黄芽茶等，采制完毕后，放入生石灰缸中密封存放 1～2 个月后，色泽更为美观，香气更加清香。

◆ 加工良好的茶叶，肉眼观看色泽均匀、无焦斑。

◆ 用外观颜色来识别茶叶品级，是常用的茶叶识别方法。因茶叶之间的颜色有时区别不大，故在实际识别时还要与其他方法配合。

步骤 2 **查看茶形**

◆ 将置于赏茶盘中的茶，逐一拿起近距离观看。

• 茶条索紧结、浑直匀齐、有锋苗、色泽绿润的是中高档长炒青。如婺源茗眉。

• 茶的外形呈颗粒状、色泽墨绿油润的是圆炒青。高档茶的颗粒圆紧似珠，匀齐重实。

• 茶的外形呈扁平形的是扁炒青。如龙井、大方、旗枪茶等。

• 茶条索尚紧直、有锋苗、露毫的是毛烘青。如江西绿牡丹。

• 茶条索尚紧结。色泽乌绿欠润的是晒青毛茶。

• 高档煎茶条索细紧圆整、挺直呈针状、匀称有尖锋、色泽鲜绿有光泽，中、低档茶条索紧结略扁、挺直较长、色泽深绿的是蒸气杀青。

◆ 肉眼观看茶叶中没有掺杂异物，则该茶的净度好。

特别提示：

◆ 绿茶一般经杀青、揉捻、干燥三道工序加工而成。杀青是形成该茶类品质的关键工序，根据杀青方法的不同，又分为炒热杀青茶和蒸气杀青茶两类。

◆ 炒青茶是用我国绿茶的传统杀青方法——炒热杀青后炒干（锅炒或滚炒）的绿茶。长炒青、圆炒青和扁炒青都是按干茶的形状区分出来的。

◆ 合理的采摘会使芽叶完整。肉眼观看干茶叶的单片和老片少，表明茶叶的粗细均匀一致。

◆ 茶叶中若有夹杂物会直接影响到茶叶的品质和卫生。给宾客敬茶时，茶叶中如有夹杂物会使宾客大扫茶兴。

步骤3 **品闻茶香**

从摆放在茶桌的赏茶盘中，逐一将茶叶抓起，先哈一口热气，然后再将手中茶置于鼻端嗅其干香，如闻到板栗香、奶油香或锅炒香，则可确定该茶是好绿茶。

特别提示：

◆ 炒热杀青的绿茶，香味浓醇、鲜爽。

◆ 中、高档长炒青，一般茶味香气浓高。

◆ 圆炒青，一般茶味香气纯正。

◆ 毛烘青，一般茶味香气清纯。

◆ 晒青毛茶，一般茶味香气低闷，常有日晒气。

◆ 蒸气杀青，一般茶味香气似苔菜香。

◆ 闻到浓郁纯正花香，茶叶中略有花瓣者，为正宗窨花茶；如只闻到茶味，无花香，而茶中夹杂的花干数量又多者，多半是用花干掺入茶中形成的拌花茶，属假冒花茶。

◆ 花茶，以透出浓、鲜、清、纯的花香者为上品。

◆ 茶香纯正与否，要鉴别茶香中有无烟、焦、霉、酸、馊等异味。

◆ 将闻茶叶味道、观看茶叶的颜色和外形交叉运用，识别绿茶的品质才能准确可靠。

考核要点 3——识别红茶的品级

重点掌握

¤ 红茶品级的识别方法。

¤ 红茶品级的识别步骤。

［训练］识别红茶的品级

1. 考核要求

（1）准确识别 3 种主要红茶的品级。

（2）满分 5 分，考试时间 2 min。

2. 操作前的准备

（1）3 种常用红茶各 15 g。

（2）赏茶盘 3 个。

3. 识别红茶品级的基本步骤

基本步骤描述

观看茶色→查看茶形→品闻茶香。

步骤 1 观看茶色

◆ 将准备好的 3 种红茶，分别拨入赏茶盘中，逐一摆放在茶桌上。

◆ 观看红茶的颜色，识别茶叶品级。

• 肉眼观看的干茶若乌黑有光泽，是乌黑型红茶。通常为适中采原料经加工后制成的高级功夫红茶和中、上档红碎茶。

• 肉眼观看的干茶，呈棕红色的是棕红型红茶。如用转子机制成的红碎茶。

• 肉眼观看的干茶，呈黑褐色的是黑褐型红茶。通常为中、低档红茶或火砖茶。

• 肉眼观看的干茶，芽叶多茸毛（如白毫乌龙）、颜色偏红的是橙红型红茶。

◆ 肉眼观看茶叶，色泽油润或乌润的则为新红茶。

◆ 肉眼观看茶叶，色泽灰褐的则为陈红茶。

特别提示：

◆ 高级功夫红茶，也叫高级条红茶。

◆ 火砖茶是用红茶末制成的砖茶。

◆ 用外观颜色来识别茶叶品级是常用的茶叶识别方法。因茶叶之间的颜色有时区别不大，故在实际应用时还要与其他方法配合。

步骤 2 查看茶形

◆ 将置于赏茶盘中的茶，逐一抓起并近距离观看。

• 茶的外形呈颗粒状的是红碎茶。

• 茶的外形呈条形的是功夫红茶。

• 茶的茶条粗而壮实的是小种红茶。

◆ 肉眼观看茶叶中若不掺杂异物，则该茶的净度好。

特别提示：

◆ 红茶，根据加工方法的不同，可分为功夫红茶、红碎茶、小种红茶 3 种。

• 红碎茶，是红茶在被揉捻的过程中，边揉边切制成的。

• 功夫红茶，是红毛茶经多道工序精工细做而成。因其制作过程颇花费工夫，故而得名。

◆ 茶叶中若带有夹杂物，会直接影响到茶叶的品质和卫生。给宾客敬茶时，茶叶中有夹杂物会使宾客大扫茶兴。

步骤 3 品闻茶香

从摆放在茶桌的赏茶盘中，逐一将茶叶抓起，先哈一口热气，而后再将手中茶置于鼻端嗅其干香。

闻到甜香或焦糖香，则为优质红茶，或是功夫红茶；闻到松烟香是小种红茶。

特别提示：

◆ 小种红茶在加工过程中有熏烟工序，因而带有松烟香。

◆ 新茶因维生素 C 含量较高、多酚类物质较少被氧化，给人以香气清鲜感。

◆ 茶香纯正与否，要鉴别茶香中有无烟、焦、霉、酸、馊等异味。

◆ 将闻茶叶香气、观看茶叶的颜色和外形交叉运用，识别红茶的品质才可能准确可靠。

考核要点4——识别黄茶的品级

重点掌握

¤ 黄茶品级的识别方法。

¤ 黄茶品级的识别步骤。

［训练］识别黄茶的品级

1. 考核要求

（1）准确识别3种主要黄茶的品级。

（2）满分5分，考试时间2 min。

2. 操作前的准备

（1）3种常用黄茶各15 g。

（2）赏茶盘3个。

3. 识别黄茶品级的基本步骤

基本步骤描述

观看茶色→查看茶形。

步骤1 观看茶色

◆ 将准备好的3种黄茶，分别拨入赏茶盘中，逐一摆放在茶桌上。

◆ 观看黄茶的颜色，识别茶叶品种。

• 肉眼观看的干茶，若色泽油润、有自然的金黄色的是“霍山黄大茶”。

• 肉眼观看的干茶，若色泽青润、带黄或青褐色的是“广东大叶青”。

• 肉眼观看的干茶，若色泽金黄、芽头肥壮、芽色金黄、芽毫闪光的是黄芽茶中的“银针”。

• 肉眼观看的干茶若色泽嫩黄或浅黄、茸毛满布的是黄茶中的“黄芽”。

特别提示：

◆ 加工良好的茶叶，肉眼观看色泽均匀、无焦斑。

◆ 用外观颜色来识别茶叶品级是常用的茶叶识别方法。因茶叶之间的颜色有时区别不大，故在实际识别时还要与其他方法配合。

步骤 2 查看茶形

◆ 将置于赏茶盘中的茶，逐一抓起并近距离观看。

• 肉眼观看的叶茶为一芽四五叶、外形叶大梗长、梗叶相连、形似钓鱼钩的是“霍山黄大茶”。

• 肉眼观看的叶茶为一芽三四叶、外形条索肥壮卷曲、身骨重实、显毫的是“广东大叶青”。

• 肉眼观看的叶茶为一芽一二叶或一芽二三叶的是“黄小茶”。

◆ 肉眼观看茶叶中不掺杂异物，则该茶的净度好。

特别提示：

◆ 黄茶按鲜叶老嫩不同，有芽茶、叶茶之分。有黄芽茶、黄小茶和黄大茶 3 种。

◆ 合理的采摘，会使芽叶完整。肉眼观看干茶叶的单片和老片少、规格一致，则表明该茶叶的粗细均匀一致。

◆ 茶叶中若有夹杂物，会直接影响到茶叶的品质和卫生。给宾客敬茶时，茶叶中有夹杂物会使宾客大扫茶兴。

考核要点 5——识别乌龙茶的品级

重点掌握

¤ 乌龙茶品级的识别方法。

¤ 乌龙茶品级的识别步骤。

[训练] 识别乌龙茶的品级

1. 考核要求

(1) 准确识别 3 种主要乌龙茶的品级。

(2) 满分 5 分，考试时间 2 min。

2. 操作前的准备

(1) 3 种常用乌龙茶各 15 g。

(2) 赏茶盘 3 个。

3. 识别乌龙茶品级的基本步骤

基本步骤描述

观看茶色→查看茶形→品闻茶香。

步骤 1　观看茶色

◆ 将准备好的 3 种乌龙茶，分别拨入赏茶盘中，逐一摆放在茶桌上。

◆ 观看乌龙茶的颜色，识别茶叶品种。

• 肉眼观看的干茶，若色泽较乌润的是“闽北乌龙茶”。

• 肉眼观看的干茶，若色泽较为绿润、叶底绿叶红点或红镶边的是“闽南乌龙茶”。如翠玉乌龙、安溪铁观音。

特别提示：

◆ 乌龙茶按产地不同，分为福建乌龙茶、广东乌龙茶和台湾乌龙茶。福建乌龙茶按做青（发酵）程度分闽北乌龙茶和闽南乌龙茶两大类。

• 广东乌龙茶的主要品种有岭头单枞、凤凰单枞无性系——黄枝香单枞、芝兰香单枞、玉兰香单枞、蜜兰单枞等以及少量凤凰水仙。

• 台湾乌龙茶的主要品种有青心乌龙、金萱、翠玉等。按其发酵程度主要有包种茶、冻顶乌龙和白毫乌龙。

◆ 用外观颜色来识别茶叶品级是常用的茶叶识别方法。因茶叶之间的颜色有时区别不大，故在实际识别时还要与其他方法配合。

步骤 2　查看茶形

将置于赏茶盘中的茶，逐一抓起并近距离观看：茶条索壮结挺直、叶端呈扭曲形的是“闽北乌龙茶”；茶条细长的是“闽南乌龙茶”。

特别提示：

◆ 肉眼观看茶叶中不掺杂异物，则该茶的净度好。

◆ 茶叶中若有夹杂物会直接影响到茶叶的品质和卫生。给宾客敬茶时，茶叶中如有夹杂物会使宾客大扫茶兴。

步骤 3　品闻茶香

从摆放在茶桌的赏茶盘中，逐一将茶叶抓起，先哈一口热气，再将手中茶置于鼻端嗅其干香，闻到的香气为熟香型的是“闽北乌龙茶”；气味清香的是“闽南乌龙茶”。

特别提示：将闻茶叶味道、观看茶叶的颜色和外形交叉运用，识别乌龙茶的品质才能准确可靠。

考核要点 6——识别白茶的品级

重点掌握

¤ 白茶品级的识别方法。

¤ 白茶品级的识别步骤。

［训练］识别白茶的品级

1. 考核要求

（1）准确识别 3 种主要白茶的品级。
（2）满分 5 分，考试时间 2 min。

2. 操作前的准备

（1）3 种常用白茶各 15 g。
（2）赏茶盘 3 个。

3. 识别白茶品级的基本步骤

<u>基本步骤描述</u>

观看茶色→查看茶形。

<u>*步骤 1*</u> 观看茶色

◆ 将准备好的 3 种白茶，分别拨入赏茶盘中，逐一摆放在茶桌上。

◆ 观看白茶的颜色，识别茶叶品种。

- 肉眼观看的干茶，茸毛洁白的是“白毫银针”。
- 肉眼观看的干茶，色泽灰绿、毫心银白、叶面灰绿的是“白牡丹”。
- 肉眼观看的干茶，色泽灰绿稍黄的是“小白”。

特别提示：

◆ 白茶是我国特种茶类之一，它是不经炒、揉，直接凋萎（或干燥）而成的片叶茶，属微（轻度）发酵茶。白茶按其鲜叶原料的茶树品种来分，有“大白”（或水仙白）和“小白”。大白、小白精制后的副产品统称为寿眉。

◆ 用外观颜色来识别茶叶品级是常用的茶叶识别方法。因茶叶之间的颜色有时区别不大，故在实际识别时还要与其他方法配合。

步骤 2 查看茶形

将置于赏茶盘中的茶，逐一抓起并近距离观看：外形一芽一叶、芽心肥壮、茸毛洁白的是“白毫银针”，外形一芽二叶、芽叶边枝、白毫显露、形态自然、形似花朵的是“白牡丹”，茶条索细嫩、叶缘垂卷、微曲如眉、外形芽心较小的是“小白”。

特别提示：

◆ 肉眼观看茶叶中不掺杂异物，则该茶的净度好。

◆ 茶叶中若带有夹杂物会直接影响到茶叶的品质和卫生。给宾客敬茶时，茶叶中如有夹杂物会使宾客大扫茶兴。

考核要点 7——识别黑茶的品级

重点掌握

¤ 黑茶品级的识别方法。

¤ 黑茶品级的识别步骤。

［训练］识别黑茶的品级

1. 考核要求

（1）准确识别 3 种主要黑茶的品级。

（2）满分 5 分，考试时间 2 min。

2. 操作前的准备

（1）3 种常用黑茶各 15 g。

（2）赏茶盘 3 个。

3. 识别黑茶品级的基本步骤

基本步骤描述

观看茶色→查看茶形→品闻茶香。

步骤 1 观看茶色

◆ 将准备好的 3 种黑茶，分别放入赏茶盘中，逐一摆放在茶桌上。

◆ 观看黑茶的颜色，识别茶叶品种。

◆ 肉眼观看干茶呈黑褐色。

• 以青梗为主、基部稍带红梗的鲜叶为原料，经加工后而制成的是一级湖北老青茶。

• 以红梗为主、顶部稍带青梗的鲜叶为原料，经加工后而制成的是二级湖北老青茶。

• 以当年生红梗、不带麻梗的鲜叶为原料，经加工后而制成的是三级湖北老青茶。

特别提示：

◆ 湖北老青茶是以较粗老的鲜叶为原料，按茎梗皮色划分采割标准的黑毛茶。

◆ 各种压制茶的色泽呈该茶类应有的色泽特征。

◆ 用外观颜色来识别茶叶品级是常用的茶叶识别方法。因黑茶之间的颜色区别不大，故在实际识别时还要与其他方法配合。

步骤 2 查看茶形

将置于赏茶盘中的茶，逐一抓起并近距离观看：外形若一芽四五叶，是由较粗老的鲜叶为原料制成的湖南黑毛茶；外形若一芽二三叶或一芽三四叶，是由采摘的新梢制成的广西六堡茶；外形若以一芽二三叶或一芽三四叶为主，是由嫩度较好的原料制成的中、低档云南普洱茶；以一芽二叶为主的是高档云南普洱茶；外形为砖形的是茯砖茶、花砖茶、黑砖茶、青砖茶、米砖茶、云南砖茶（紧压茶）等；外形为枕形的是康砖茶和金尖茶；外形为碗臼形的是沱茶；外形为圆形的是饼茶、七子饼茶。

特别提示：

◆ 黑茶按加工方法及形状不同，分为散装黑茶和压制黑茶两类。

• 散装黑茶，也称黑毛茶，主要有湖南黑毛茶、湖北老青茶、四川坐庄茶、广西六堡散茶、云南普洱茶等。因粗老采原料，有渥堆发酵（微生物作用）工序，在湿热作用下，使可溶性小分子聚合成不溶性大分子。其中，四川坐庄茶，一般是以采割当季或当年成熟新梢枝叶为原料制成的。

• 压制黑茶，指以湖南黑毛茶、湖北老青茶、四川的毛庄茶和坐庄茶、红茶的片末等副产品、六堡散茶、云南晒青毛茶、普洱茶等为原料，经整理加工后，气蒸压制成形。压制黑茶应外形平整，个体压制紧实或紧结，不起层脱面，压制的花纹清晰。

◆ 肉眼观看散装黑茶中不掺杂异物，则该茶的净度好。

◆ 茶叶中若有夹杂物会直接影响到茶叶的品质和卫生。给宾客敬茶时，茶叶中如有夹杂物会使宾客大扫茶兴。

步骤3 品闻茶香

从摆放在茶桌的赏茶盘中，逐一将茶叶抓起，先哈一口热气，并将手中茶置于鼻端嗅其干香，闻到受茶人欢迎的新香型的是经合理存放的云南普洱茶、广西六堡茶、湖南黑茶和湖北茯砖茶；闻到馥郁香气的是隔年的闽北武夷岩茶。

特别提示：

◆压制黑茶的内质要求香味纯正，没有酸、馊、霉、异等不正常气味，也无粗、涩等气味。

◆将闻茶叶味道、观看茶叶的颜色和外形交叉运用，识别黑茶的品质才能准确可靠。

考核要点8——观茶汤识茶

重点掌握

¤ 观茶汤识茶的技巧。

[训练1] 观茶汤识绿茶

1. 考核要求

(1) 能通过观、品茶汤准确识别5种主要绿茶的品级。

(2) 满分5分，考试时间3 min。

2. 操作前的准备

不同绿茶的茶汤5碗。

3. 观茶汤识绿茶的基本步骤

基本步骤描述

观茶汤识茶→品茶汤识茶。

步骤1 观茶汤识茶

◆逐一仔细观看茶碗中茶汤的颜色，识别茶叶品种。

◆肉眼观看汤色浅绿的（如太平猴魁、庐山云雾、高桥银峰、惠明茶、望海茶、望府银毫以及各种毛尖、毛峰）是以细嫩茶叶为原料，经轻揉捻制成的浅绿型绿茶。

◆ 肉眼观看汤中鲜叶呈黄绿色（如西湖龙井、六安瓜片等）的是以细嫩茶叶为原料制成的杏绿型绿茶，又称嫩绿型绿茶。

◆ 肉眼观看汤色清亮（如古丈毛尖、安化松针、信阳毛尖等）的是以细嫩茶叶为原料、经适中揉捻制成的绿亮型绿茶。

◆ 肉眼观看汤色黄绿（如烘青、眉茶、珠茶等）的是由适中采原料制成的黄绿型绿茶。

◆ 肉眼观看汤色橙黄（如沱茶等）的是以绿茶原料制成的紧压茶——橙黄型绿茶。

◆ 肉眼观看汤色有叶底泛黄、伴有红梗红叶的是晒青毛茶。

步骤 2 **品茶汤识茶**

◆ 逐一品味茶碗中的茶汤，识别茶叶品种。

◆ 汤色黄绿清澈、叶底黄绿明亮，品味时口感浓醇鲜爽的，是中、高档长炒青。

◆ 汤色清明、叶底黄绿明亮、芽叶柔软完整，品味时滋味浓醇的是圆炒青。

◆ 汤色黄绿清澈明亮、叶底嫩绿明亮完整，品味时滋味鲜醇的是毛烘青。

◆ 茶汤中茶叶条索壮实、叶底肥厚，品味时香味较浓的是徽毛烘青。

◆ 茶汤中茶叶条索稍松，品味时香味鲜和、嫩度较好的是浙毛烘青。

◆ 茶汤澄清呈淡黄绿色，品味时茶味醇和、回味带甘的是高档蒸气杀青。

◆ 茶汤中茶叶底呈青绿色，品味时滋味醇和略涩的，是中、低档蒸气杀青。

［训练 2］**观茶汤识红茶**

基本步骤描述　观茶汤识茶→品茶汤识茶。

特别提示：

◆ 肉眼观看汤色红亮的，是适中采原料制成的功夫红茶，是红亮型红茶。

◆ 肉眼观看汤色最优的，是由原料较嫩的功夫红茶或用快速揉切制成的高档红碎茶，是红艳型红茶。

◆ 由原料较老的茶叶制成的低档红碎茶、功夫茶及红砖茶是深红型红茶。

［训练 3］**观茶汤识黄茶**

基本步骤描述　观茶汤识茶→品茶汤识茶。

特别提示：

◆ 鲜叶为单芽或一芽一叶，汤色淡杏黄（如君山银针、建德苞茶等）的是杏黄型黄茶。

◆ 汤色深黄明亮（或橙黄色）、叶底呈浅黄色、芽叶完整，品味时，滋味浓厚、香气纯正、滋味浓醇回甘，有突出的高爽焦香（似锅巴香，如广东大叶青、沩山毛尖、黄大茶、平阳黄汤等）的是橙黄型黄茶。

［训练 4］观茶汤识乌龙茶

基本步骤描述　观茶汤识茶→品茶汤识茶。

特别提示：

◆ 汤色金黄（俗称茶油色，如铁观音、黄金桂、闽南青茶、广东青茶等）的是金黄型乌龙茶。

◆ 汤色橙黄明亮、叶底三红七绿，红镶边明显（如闽北青茶、武夷岩茶等）的是橙黄型乌龙茶。

◆ 火工饱足的乌龙茶及重发酵的乌龙茶（如白毫乌龙等）是橙红型乌龙茶。

◆ 轻发酵的乌龙茶（如翠玉乌龙等）是橙绿型乌龙茶。

［训练 5］观茶汤识白茶

基本步骤描述　观茶汤识茶→品茶汤识茶。

特别提示：

◆ 汤色微黄（如白毫银针、白牡丹等）的是微黄型白茶。

◆ 汤色微黄（如一芽二三叶制成的贡眉）的是黄亮型白茶。

◆ 汤色黄褐（如贡眉中品质较差的寿眉）的是黄褐型白茶。

［训练 6］观茶汤识黑茶

基本步骤描述　观茶汤识茶→品茶汤识茶。

特别提示：

◆ 汤色橙黄（如湿坯渥堆做色蒸压的茯砖）的是橙黄型黑茶。

◆ 汤色橙红（如湿坯渥堆做色蒸压的花砖、康砖）的是橙红型黑茶。

◆ 汤色深红（如干坯渥堆做色或成茶堆积做色的蒸压或炒压方包茶、六堡茶）的是深红型黑茶。

考核要点 9——识别茶具质量

重点掌握

¤ 识别瓷器品种的技巧。

[训练] 识别茶具质量

1. 考核要求

(1) 能识别陶与瓷的区别。
(2) 能识别不同的瓷器。
(3) 满分 5 分，考试时间 3 min。

2. 操作前的准备

(1) 陶茶具若干。
(2) 瓷茶具若干。

3. 识别茶具质量的基本步骤

基本步骤描述

看胎色→看釉质→看色彩→看釉下彩→看釉上彩。

步骤 1 看胎色

看器具的胎色：若呈红色、褐色或灰色，且不透明，一般为陶器；若呈白色，具有透明或半透明性，则为瓷器。

特别提示：因陶器的制胎原料中含铁量较高，所以，其胎呈红色。浙江上虞黑瓷，因做胎材料中含铁量为 2%～3%，从而使胎亦呈红、灰等色。

步骤 2 看釉质

看器具的表面：陶器表面一般不施或被施以低温釉。瓷器表面被施以高温釉。

特别提示：釉系陶瓷表面所具有的玻璃质感的光亮层，由瓷土（或陶土）和助熔剂组成。低温釉，施釉时用氧化铅为助熔剂。秦汉时就大量烧制这类铅釉陶。唐代的三彩、宋代的低温颜色釉、明代的五彩和清代的粉彩均属此类。高温釉主要有石灰釉和石灰—碱釉两种。

步骤 3 看色彩

◆ 施青色高温釉的瓷器为青瓷。
◆ 施黑色高温釉的瓷器为黑瓷。
◆ 施透明或乳浊高温釉的白色瓷器为白瓷。

特别提示：

◆ 瓷器的花色品种丰富，且变化多端；陶器通常用含氧化铁的黏土烧制，只因烧成温度和氧化程度不同，色有黄、红棕、棕、灰色等，在黏土中添加其他矿物质成分，也可以烧制成其他色泽，但较少见。

◆ 青瓷釉中主要的呈色物质是氧化铁，含量为2%左右。釉由于氧化铁含量的多少、釉层的厚薄和氧化铁还原程度的高低不同，会呈现出深浅不一、色调不同的颜色。若釉中的氧化铁较多地还原成氧化亚铁，那么釉色就偏青，反之则偏黄。

◆ 釉料中的氧化铁的含量在5%以上。商周时出现原始黑瓷，东汉时上虞烧制的黑瓷施釉厚薄均匀，釉色有黑、黑褐等数种，至宋代黑釉品种大量出现。

◆ 在长期的实践中，窑匠们进一步掌握了瓷器变色的规律，于是在烧制青瓷的基础上，降低釉中氧化铁的含量，用氧化焰烧成，釉色一般白中泛黄或泛绿色，还原焰烧成釉色泛青，有“青白瓷”“影青”之称。

步骤 4　看釉下彩

◆ 在白色的生坯上用含氧化钴的色料绘成图案花纹，外施透明釉，经高温烧成的瓷器叫青花。

◆ 在瓷器生坯上用含氧化铜的色料绘成图案花纹，然后施透明釉，用还原焰高温烧制而成的瓷器叫釉里红。

◆ 先在瓷器生坯上用青花色彩勾绘出花纹的轮廓，施透明釉，用高温烧成；再在轮廓内用红、黄、绿、紫等多种色彩填绘，经低温烘烤而成的叫斗彩。

特别提示： 釉下彩瓷器是先在坯上用色料进行装饰，再施青色、黄色或无色透明釉，入高温烧制而成。青花又称“白釉青花”。在烧制时，用氧化焰则青花色泽灰暗，用还原焰则青花色泽鲜艳。斗彩是釉下青花与釉上彩结合的品种，又称“逗彩”。除填彩外，还有点彩、加彩、染彩等数种。

步骤 5　看釉上彩

◆ 在已烧成的白瓷上用红、绿、黄、紫等各种彩色颜料绘成图案花纹，经低温烘烤而成的瓷器叫五彩。

◆ 在烧成的素瓷上用含氧化砷的“玻璃白”打底，再用各种彩色颜料渲染绘画，经低温烘烤而成的瓷器叫粉彩。

◆ 在烧成的白瓷上用珐琅料作画称珐琅彩。

特别提示： 釉上彩瓷器是在烧成的瓷器上用各种色料绘制图案，再经低温烘烤而成。五彩，又称“硬彩”；粉彩，又称“软彩”。珐琅彩，又名“瓷胎画珐琅”。珐琅料中的主要成分为硼酸盐和硅酸盐，配入不同的金属氧化物，经低温烘烤后即呈各种颜色，多以黄、绿、红、蓝、紫等色彩为底，再彩绘各种花卉、鸟类、山水和竹石等图案，纹饰有凸起之感。

考核要点 10——茶艺茶具的配置

重点掌握

¤ 因茶制宜配置茶具的方法。

¤ 茶具配置的原则。

[训练] 因茶制宜配置茶具

1. 考核要求

(1) 掌握茶具配置的原则。

(2) 能将茶具放置在相应的位置。

(3) 满分 5 分，考试时间 3 min。

2. 操作前的准备

不同的茶具 4 套。

3. 配置茶艺茶具的基本步骤

基本步骤描述

选配饼茶茶具→选配团茶茶具→选配芽茶茶具→选配花茶茶具→选配绿茶茶具→选配红茶茶具→选配乌龙茶茶具。

步骤 1 选配饼茶茶具

饮用饼茶宜用越瓷。

特别提示：

◆ 唐代人们喝的就是饼茶。饼茶须烤炙研碎后，再经煎煮而成。其茶汤呈白红色，即淡红色。淡红色茶汤一旦倾入瓷茶具后，汤色就会因瓷色的不同而起变化。

◆ 唐代陆羽通过对各地所产瓷器茶具的比较后认为：“邢（今河北巨鹿、广宗以西，泜河以南，沙河以北一带）不如越（今浙江绍兴、萧山、浦江、上虞、余姚等地）。”

• 越瓷青色，倾入淡红色的茶汤，呈绿色。陆氏从茶叶欣赏的角度，提出了“青则益茶”，认为青色越瓷茶具为上品，如图 10 所示。

图 10 越瓷

• “邢州瓷白，茶色红；寿州（今安徽寿县、六安、霍山、霍邱等地）瓷黄，茶色紫；洪州（今江西修水、锦江流域和南昌、丰城、进贤等地）瓷褐，茶色黑，悉不宜茶”，如图 11 所示。

图 11 瓷茶碗

◆ 茶具配置原则。

• 实用——强调茶具的实用性，是由其内在的科学性决定的。例如紫砂茶壶，壶口与壶嘴齐平、出水流畅自如、壶与盖接缝紧密等细节决定了这把茶壶在使用时能否得心应手，至于造型沉稳典雅则在其次。

• 简单——代表一种从容的心态。即使是一只普通玻璃杯，也是好的。

• 洁净——茶具要勤加擦拭。不论使用与否，也要经常保持茶具的洁净。

• 优美——茶具的造型要给人以美感。

步骤 2 选配团茶茶具

饮用团茶宜用黑釉茶盏。团茶研碎经“点注”后，茶汤色泽已近白色。

特别提示：

◆ 从宋代开始，饮茶习惯逐渐由煎煮改为“点注”；作为饮茶的茶具已由碗改为盏，如图 12 所示。

图 12 茶盏

◆“盏色贵黑青”，黑釉茶盏才能反映出茶汤的色泽。宋代蔡襄曾在《茶录》中写道：“茶色白，宜黑盏。建安（今福建建瓯）所造者绀黑，纹如兔毫，其坯微厚，之久热难冷，最为要用。”可见蔡氏特别推崇“绀黑”的建安兔毫盏。

步骤3 选配芽茶茶具

饮用芽茶宜用“莹白如玉”的茶盏。

特别提示：

◆明代初期饮用的就是芽茶。因其茶汤已由宋代的白色变为黄白色，这样对茶盏的要求当然不再是黑色了，而是时尚的白色，如图13所示。

图13 白色茶盏

◆明代的屠隆认为茶盏“莹白如玉，可试茶色”。明代张源的《茶录》中也写道：“茶瓯以白瓷为上，蓝者次之。”

步骤4 选配花茶茶具

饮用花茶用壶泡茶，保持香气，如图14所示。

图14 茶壶

特别提示：

◆长江以北一带的人们大多喜爱选用有盖瓷杯冲泡花茶，以保持花香，或者用大瓷壶泡茶，而后将茶汤倾入茶盅杯饮用。

◆四川人饮茶特别钟情盖碗（如图15所示）。喝茶时，左手托茶托，不会烫手；右手拿茶碗盖，用以拨去浮在汤面的茶叶。用盖碗泡茶时，加上盖，能够保香；去掉盖，又可观其茶色。选用这种茶具饮茶，颇有清代遗风。

图 15　盖碗

步骤 5 **选配绿茶茶具**

◆饮用大宗绿茶，注重茶的韵味，可选用有盖的壶、杯或碗泡茶。

◆品饮名优绿茶如西湖龙井、洞庭碧螺春、黄山毛峰，则用玻璃杯（如图 16 所示）直接冲泡最为理想，所用茶杯宜小不宜大。

图 16　玻璃杯

◆品饮其他细嫩名优绿茶，除选用玻璃杯冲泡外，可选用白色瓷杯冲泡饮用。

特别提示：

◆长江三角洲沪杭宁和华北京津等地的人们喜好品饮细嫩名优茶，既要闻其香，啜其味，还要观其色，赏其形，因此，特别喜欢用玻璃杯或白瓷杯泡茶。

◆细嫩的茶叶，用杯冲泡，可以一目了然，可供观赏。称之为“嫩茶杯冲”。不论冲泡何种细嫩名优绿茶，茶杯宜小不宜大：大则水量多，热量大，会将茶叶泡熟，使茶叶色泽失却翠绿；其次会使芽叶软化，不能在汤中林立，失去姿态；再次会使茶香减弱，甚至产生“熟汤味”。

◆ 玻璃茶具虽透明度高，用它冲泡高级细嫩名茶，茶姿汤色历历在目，可增加饮茶情趣。但它传热快，不透气，茶香容易散失。

步骤 6 选配红茶茶具

饮用大宗红茶，注重茶的韵味，可选用有盖的壶、杯或碗泡茶，如图 17 所示。

图 17　盖碗茶具

特别提示：

◆ 江浙一带的人们饮茶注重茶叶的滋味和香气，因此喜欢选用紫砂茶具泡茶，或用有盖瓷杯沏茶，如图 18 所示。

◆“老茶壶泡”：较粗老的茶叶，用壶冲泡，一则可保持热量，有利于茶浸出物溶解于茶汤，提高茶汤中有益于身体健康的成分；二则较粗老的茶叶缺乏观赏价值，用来待客，不大雅观，用壶来泡可避免失礼之嫌。如图 19 所示是用来泡老茶的艺术茶壶。

图 18　有盖瓷杯

图 19　艺术茶壶

步骤 7 选配乌龙茶茶具

饮用乌龙茶，用紫砂壶来泡茶，将茶汤倒入白瓷杯中饮用，如图 20 所示。

图 20　潮汕乌龙茶茶具

特别提示：

◆ 福建及广东潮汕一带的人们习惯于用小杯啜乌龙茶，故选用“烹茶四宝”——潮汕风炉、玉书碨、孟臣罐、若琛瓯泡茶，以鉴赏茶的韵味。这种茶具往往又被看作是一种艺术品。小杯啜乌龙，与其说是解渴，还不如说是闻香玩味。

• 潮汕风炉是一只缩小了的粗陶炭炉，专做加热之用。

• 玉书碨是一把缩小了的瓦陶壶，高柄长嘴，架在风炉之上，专做烧水之用。

• 孟臣罐是一把比普通茶壶小一些的紫砂壶，专做泡茶之用。

• 若琛瓯是 2～4 只只有半个乒乓球大小的小茶杯，每只只能容纳 4 mL 茶汤，专供饮茶之用。

◆ 用紫砂茶具泡茶，既无熟汤味，又可保持茶的真香；其保温性能好，即使在盛夏酷暑，茶汤也不易变质发馊。

但紫砂茶具（如图 21 所示）色泽多数深暗，不论是用它泡红茶、绿茶、乌龙茶，还是泡黄茶、白茶和黑茶，对茶叶汤色均不能起衬托作用，对外形美观的茶叶，也难以观姿察色，这是其美中不足之处。

图 21　福极壶

考核要点 11——表演台的布置

重点掌握

¤ 茶桌、茶椅和茶垫巾的选择。

¤ 茶桌、茶椅和茶垫巾的摆放方法和技巧。

¤ 茶具的定位放置方法。

［训练］表演台的布置

1. 考核要求

(1) 能选择合适的茶桌、茶椅和茶垫巾来布置表演台。
(2) 能将茶桌、茶椅和茶垫巾摆放在相应的位置。
(3) 满分 5 分，考试时间 3 min。

2. 操作前的准备

(1) 茶具 1 套。

(2) 白瓷壶 1 把、电随手泡 1 套、锡茶叶罐 1 个、茶艺用具 1 套、水盂 1 个、脱胎漆器茶盘 1 个、茶巾 1 条。

3. 布置表演台的基本步骤

基本步骤描述

选择茶桌→选择茶椅→选择茶垫巾→摆放茶桌、茶椅和茶垫巾→选配相应器具→准备茶桌上需放置的茶器→按顺序放置茶器。

步骤 1 选择茶桌

♦ 选择高度为 68～70 cm、长度为 88 cm、宽度为 60 cm 的茶桌，作为立礼式和坐礼式茶艺的茶桌，如图 22 所示。

♦ 选择高度为 48 cm、长度为 88 cm、宽度为 60 cm 的茶桌，作为席地式茶艺的茶桌，如图 23 所示。

特别提示：一般品茗以 5 人以内为佳。如果是人数较多的茶会品茗，采用分坐式，此时，要准备茶几供茶友放置茶杯。茶几的放置有放在茶友左边或右边两种形式。

图 22　茶桌

图 23　四人品茗

步骤 2 **选择茶椅**

选择高度为 40～42 cm 的茶椅，如图 24 所示。

图 24　茶椅

特别提示：茶艺员坐的椅子一般是无靠背的，可以视情况决定。

步骤 3 选择茶垫巾

选择的茶垫巾长度应为 60 cm，宽度为 48 cm。

特别提示：茶垫巾铺放在茶桌中间。

步骤 4 摆放茶桌、茶椅和茶垫巾

根据需要，将茶桌和茶椅摆放定位，如图 25 所示。

图 25　摆放定位

特别提示：茶桌和茶椅的高低、大小要合乎人体工程学、美学及传统鲁班尺的要求。

步骤 5 选配相应器具

选择色彩、样式与品茗环境相搭配的器具，如图 26、图 27 所示。

图 26　茶具的选配

图 27　相应的环境

特别提示：

◆ 自古以来，比较讲究品茶艺术的茶人都注重品茶韵味，崇尚意境高雅，强调“壶添品茗情趣，茶增壶艺价值”。认为好茶好壶，犹似红花绿叶，相映生辉。对一个爱茶人来说，不仅要会选择好茶，还要会选配好茶具。

◆ 整体的品茗环境，随着季节、时序、场所、茶叶的不同，以及茶侣的区别，进行不同的设计和营造，而且互相之间要协调、搭配要合理。

步骤 6 **准备茶桌上需放置的茶器**

准备煮水器、茶盘、茶壶、茶盅、茶杯、茶艺用品组（如图 28 所示）、茶荷、杯托和茶巾等茶桌上需要放置的茶器。

特别提示：茶桌一般长度为 88 cm，宽度为 60 cm。

图 28　茶艺用品组

步骤 7　按顺序放置茶器

将主泡茶具放置在茶桌中间，辅助茶具依次摆放，如图 29 所示。

图 29　茶具的摆放格式

特别提示：

◆ 将矮的茶具摆放在前面，高的茶具摆放在后面，不能挡住宾客欣赏茶具的视线。

◆ 煮水器若是过高，放置在桌上颇不方便，应置于主泡者的右方略靠茶桌后边。

考核要点 12——配置品茗环境

重点掌握

¤ 音乐的配置技巧。

¤ 插花的配置技巧。

¤ 茶挂的配置技巧。

［训练］配置品茗环境

1. 考核要求

（1）掌握插花、茶挂和音乐的配置技巧。
（2）熟悉音乐的韵律和内涵。
（3）能根据具体的品茗环境选用合适的音乐。
（4）满分 5 分，考试时间 10 min。

2. 操作前的准备

（1）不同的音乐曲目。
（2）准备好配置品茗环境用的插花、茶挂等用品。

3. 配置品茗环境的基本步骤

基本步骤描述

布置品茗环境→熟悉音乐内涵→选用合适曲目。

步骤 1 布置品茗环境

◆ 配置插花。

• 插花时，枝叶取单数，遇双则使其中一片见其背面，俗称“半叶”，表阴叶之美。

• 选择缸做花器，如图 30 所示。

◆ 配置薰香，选择香炉为品茗焚香的香具，如图 31 所示。

◆ 配置茶挂。根据季节、时间、所品的茶类、参加茶会的人以及举办茶会的性质等因素，选择书法字轴（如图 32 所示）或画轴茶挂（如图 33 所示）。

图 30　花缸

图 31　焚香用的香炉

图 32　书法字轴茶挂

图 33　画轴茶挂

特别提示：

◆茶室一般采用自由型插花，追求恬适简约、超凡脱俗的纯真之情（如图 34 所示），体现“清”“远”的艺术品质。

图 34　超凡脱俗的绿色

◆花器衬板、台座以自然、高雅者为佳。花器摆设的位置应较低，以便于坐赏。

• 可选择碗、盘、筒、篮等做花器，无足花器应配以台座。

• 带足花器，直接使用衬板（垫板）。将配好衬板后的插花移入摆设位置，摆设位置应在主人的右后方相距约一臂长的距离为宜。

• 花器小而精巧，以衬托品茗环境，借以表达主人心情；亦可寓意季节，突出茶会主题。

◆ 在春季或冬季、品茗空间大，品用浓香的茶，焚香气较重的香品；在夏季或秋季、品茗空间小，品用幽香的茶，焚香气较淡的香品。

◆ 花下不可焚香，焚香时，香案要高于花，插花和焚香要尽可能保持较远的距离。

◆ 因为有了插花，若挂画则应以写意水墨画为时尚；如果是工笔或写实之画作，则选用赋色高古、笔墨脱俗者，且设色不宜过分艳丽，以免粗俗或喧宾夺主，如图35所示。

图35　工笔画

◆ 茶艺表演者的服饰首先应与所要表演的茶艺内容相配套，其次才是式样、做工、质地和色泽。就一般的茶艺而言，表演者宜穿着具有民族特色的服装，而不宜一味地“西化”。

步骤2　熟悉音乐内涵

◆ 熟悉我国古典名曲的内涵。

◆ 熟悉近代作曲家为品茶而谱写的音乐的内涵。

◆ 熟悉“大自然的箫声”的内涵。

特别提示：

◆ 中国茶道要求，在茶艺过程中播放的音乐应是为了促进人的自然精神的再发现，人文精神的再创造而精心挑选的乐曲。我国古典名曲多为幽婉深邃、韵味悠长，有一种荡气回肠、销魂摄魄之美。

◆ 山泉飞瀑、小溪流水、雨打芭蕉、风吹竹林、秋虫鸣唱、百鸟啁啾、松涛海浪等精心录制出来的。“天籁”之声都是极美的音乐。

步骤3 **选用合适曲目**

根据具体的品茗环境，选用反映不同意境的音乐曲目。

特别提示：为促进茶人的心与茶对话、与自然对话，可播放下列古典名曲作为背景音乐。不同乐曲所反映的意境各不相同，茶艺馆应根据季节、天气、时辰、宾客身份以及茶事活动的主题，有针对性地选择播放。

描绘月下美景的有《春江花月夜》《月儿高》《霓裳曲》《彩云追月》《平湖秋月》等；

再现山水之音的有《流水》《汇流》《潇湘水云》《幽谷清风》等；

表达思念之情的有《塞上曲》《阳关三叠》《情乡行》《远方的思念》等；

模拟禽鸟之声态的有《海青拿天鹅》《平沙落雁》《空山鸟语》《鹧鸪飞》等。

而《闲情听茶》《香飘水云间》《桂花龙井》《乌龙八仙》《听壶》等乐曲就像是牵着茶人回归自然、追寻自我的温柔之手，可使茶人的心绪徜徉于茶的无限世界中，让心灵随着茶香翱翔到茶馆之外更美、更雅、更温馨的意境中去。

考核要点13——泡茶的基本程序

重点掌握

¤ 泡茶对水温的要求。

¤ 不同的茶水比。

［训练］泡茶的基本程序

1. 考核要求

（1）了解泡茶对水质的要求。
（2）熟悉不同的置茶方法。
（3）能根据不同茶的要求，掌握冲泡用水的温度。
（4）能根据不同情况，控制相应的茶水比。
（5）满分10分，考试时间10 min。

2. 操作前的准备

（1）准备好6种不同的茶叶及相应的茶具。

（2）茶叶冲泡的工作环境。

3. 泡茶的基本步骤

基本步骤描述

冲泡准备→选择用水→控制水温→放置茶叶→掌控茶水比例。

步骤1 冲泡准备

准备好茶匙、茶船、茶壶、茶杯等器具并进行必要的清洁。

特别提示：

◆茶匙用后，要放在茶匙筒内，并保持干爽。

◆煮水用的电茶壶用过之后要拔去插头，妥善保管。

◆茶叶要用干燥、洁净的盛装器储备。

◆茶叶盛装器的容积不宜过大，这样茶香不易散发。

◆茶船、茶壶、茶杯等器具在使用完毕后要及时清洗，放置在泡茶桌上风干。

步骤2 选择用水

根据需要和事先准备，依次选择泉水、天落水、江水、河水、湖水、井水、经过处理的自来水。

特别提示：泡茶离不开水，水之于茶，有“水为茶之母”之说。“水不问江井，要之贵活”。泡茶用水泉水是第一选择，而自来水是最后的选择。泉水虽好，但不是所有的泉水都可用来沏茶，如硫磺矿泉水等是不能沏茶的。

步骤3 控制水温

◆用75～85℃的开水冲泡洞庭碧螺春、西湖龙井、南京雨花茶、君山银针等细嫩名茶。

◆用90℃左右的开水冲泡普通红茶、花茶和绿茶。

◆用100℃的滚沸开水冲泡各种乌龙茶、普洱茶、沱茶和砖茶。

特别提示：古人对泡茶水温十分讲究，认为用刚煮沸的水泡乌龙茶、普洱茶、沱茶，茶汤香味皆佳。

步骤4 放置茶叶

◆对条形松展、比重轻、不易沉入水中的茶叶，可采用先放茶叶，后注入沸水的下投法。

◆条形松展、比重轻、不易沉入水中的茶叶也可用沸水注入约1/3后放入茶叶，泡一定时间再注满水的中投法。

◆对身骨重实、条索紧结、芽叶细嫩、香味成分含量高以及品赏中对香气和汤色要求高的各类名茶，可采用注满沸水后再放入茶叶的上投法。

特别提示：不同季节，由于气温和茶冷热不同，投茶方法也应有所区别，一般可采用“秋中投，夏上投，冬下投”。

步骤5 掌控茶水比例

◆因茶量不同、茶类不同、泡法不同，控制不同的茶水比。

•用1∶50～60茶水比，冲泡红茶、绿茶、花茶类。每克茶叶冲泡50～60 mL沸水。

•用1∶18～20茶水比，冲泡铁观音等乌龙茶。

•用1∶80茶水比，用煮渍法冲泡金尖、康砖、茯砖和方苞茶等原料粗老的紧压茶。

•用1∶50茶水比，冲泡原料较细嫩的饼茶。按50 g左右捣碎的砖茶，加水1.5 kg左右的比例，煨在壶内煎煮茶砖。

◆根据饮茶习惯不同和时间不同，控制不同的茶水比。

特别提示：

◆茶叶冲泡时，茶与水的比例称为茶水比例。茶水比不同，茶汤香气的高低和滋味也浓淡各异。茶水比为1∶7、1∶18、1∶35和1∶70时，水浸出物分别为干茶的23%、28%、31%和34%，说明在水温和冲泡时间一定的前提下，茶水比越小，水浸出物的绝对量就越大。茶水比过小，茶叶内含物被溶出茶汤的量虽然较大，但由于用水量大，茶汤浓度也就显得很低，茶味淡、香气薄。相反，茶水比过大，由于用水量少，茶汤浓度过高，滋味苦涩，而且不能充分利用茶叶的有效成分。

◆品饮普洱茶，如用冲泡法时，茶水比一般为1∶（30～40），即5～10 g茶叶加150～200 mL水。

◆在评茶与品茶时，茶与水的用量则为每杯置茶5 g，冲沸水250 mL。通常，一只普通的200 mL的玻璃杯或瓷杯，放入3～4 g茶叶就可以了，注入150～200 mL沸水。冲泡时，先冲上1/3杯沸水。少顷，再冲至七八成满（因为中国人习惯上认为，“酒满敬人，茶满欺人”）。如果改用茶壶泡茶，也可参照上述比例冲泡。

◆泡茶所用的茶水比大小还依消费者的嗜好而异。经常饮茶者，喜爱饮较浓的茶，茶水比可大些。相反，初次饮茶者，则喜淡茶，茶水比要小。

◆此外，饮茶时间不同，对茶汤浓度的要求也有区别。饭后或酒后，适饮浓茶，茶水比可大；睡前，饮茶宜淡，茶水比应小。

考核要点 14——绿茶的主泡

重点掌握

¤ 主泡绿茶的技法。

¤ 主泡绿茶的步骤。

[训练 1] 主泡龙井茶

1. 考核要求

(1) 掌握主泡绿茶的步骤。

(2) 掌握主泡绿茶的技法。

(3) 满分 30 分，考试时间 10 min。

2. 操作前应准备的茶具、茶叶、用品

白瓷壶 1 把、提梁壶 1 把、随手泡 1 个、锡茶叶罐 1 个、茶艺用品 1 套、赏茶盒 1 个、水盂 1 个、脱胎漆器茶盘 1 个、茶巾 1 条，200 mL 玻璃杯 3 只、香炉 1 个、香 1 支，特级狮峰龙井茶叶 12 g。

3. 主泡龙井茶的基本步骤

基本步骤描述

焚香→候汤→温杯→赏茶→投茶→润茶→摇香→泡茶→奉茶→观赏茶舞→闻茶→品茶→谢茶。

步骤 1 焚香

点燃一支薰香，将其置于香炉中，营造祥和肃穆的气氛，如图 36 所示。

图 36 焚香

特别提示：

◆ 薰香之味可以影响人的心理，使人驱除妄念、心平气和。

◆ 茶艺表演时，环境布置中若有插花，花下不可焚香；焚香时，香案要高于花；插花和焚香要尽可能保持较远的距离。

步骤 2 候汤

把开水注入壶中，待水温降到 80℃左右时用来冲茶，如图 37 所示。

图 37　把开水注入壶中

特别提示：

◆ 泡茶水温的高低，与茶叶种类及制茶原料密切相关，细嫩原料加工而成的茶叶，宜用降温以后的沸水泡茶，否则会使茶叶泡熟变色、熟汤失味。

◆ 因狮峰龙井茶芽极细嫩，直接用开水冲泡，会烫熟茶芽而使熟汤失味。

◆ 开水注入瓷壶等待降温，茶艺中也称“玉壶养太和”。

步骤 3 温杯

往杯中注入少量的开水，把 3 只干净的玻璃杯烫洗一遍，如图 38 所示。

图 38　开水温杯

特别提示：

◆ 当面清洁茶具既是对客人的礼貌，又可让玻璃杯预热，避免正式冲泡时炸裂。

◆ 温杯的过程在茶艺中也称“冰心去凡尘”“冰清玉洁”。

◆ 在绿茶茶艺表演中，表演者可以这样解说：我们采用滚杯的方式来温杯，这样，既能提高杯具的温度，又能使杯身均匀受热。

步骤 4 赏茶

将龙井茶置于赏茶盒中，让客人观赏，如图 39 所示。

图 39　赏茶

特别提示：

◆ 赏茶，在绿茶茶艺中也称“茶觅知音”。

◆ 在绿茶茶艺表演中，表演者可以这样解说：高级龙井茶外形扁平光滑，形似“碗钉”，色泽绿中带黄，俗称“糙米黄”。

步骤 5 投茶

用茶匙往每个玻璃杯中拨入龙井茶茶叶 3～5 g，如图 40 所示。

图 40　拨茶入杯

特别提示：

◆ 因绿茶干茶细嫩易碎，取茶时，用茶匙要轻轻拨取，以免折断干茶。

◆ 投茶，在茶艺中也称“清宫迎佳人”“雀舌报春”。

步骤6 润茶

向杯中注入约 1/3 容量的热水，润茶，如图 41 所示。

图 41　往杯中注入少量的热水

特别提示：

◆ 浸泡时间应掌握在 15 s 以内，让茶叶充分吸收水的温度和湿度，充分冲展。

◆ 注入热水时，不要将热水柱直接浇在茶叶上，而应打在玻璃杯的内壁上。

◆ 润茶在绿茶茶艺中也称“甘露润莲心”“春芽初展”。

步骤7 摇香

双手拿起茶杯缓缓地摇动，如图 42 所示。

图 42　摇香

特别提示：

◆ 双手摇杯，在绿茶茶艺中也称“春风拂面”。

◆ 在绿茶茶艺表演中，表演者可以这样解说：采用摇茶的方式，这样可以使茶香很快的释放出来。我们现在闻到的龙井茶的香气是“豆花香”，俗称“板栗香”。

步骤 8 **泡茶**

◆ 手执水壶，有节奏地三起三落而水流不间断冲水，让茶杯中的茶叶上下翻滚，如图 43 所示。

图 43　执壶冲水

◆ 将开水冲入杯中，至七成满。

特别提示：

◆ 冲水时，使水壶有节奏地三起三落而水流不间断的冲水技法称为“凤凰三点头”，意为凤凰再三向嘉宾们点头致意，以示对各位茶人的尊敬。运用这种方法冲水，有助于茶叶内物质浸出，使茶汤浓度达到上下一致。

◆ 中国人习惯上认为“酒满敬人，茶满欺人”，所以冲水入杯以七成满为宜。

◆ 冲水后，龙井茶吸收了水分，逐渐舒展开来并慢慢沉入杯底，泡茶似“碧玉沉清江”。

◆ 茶水比掌握在 1∶50～60 为宜，即每克茶叶冲泡 50～60 mL 的沸水。

◆ 冲泡茶，在绿茶茶艺中也称“凤凰三点头”。

步骤 9 **奉茶**

用右手轻握杯身而不要捏杯口，左手托杯底，双手将茶送到客人面前，放在方便客人提取品饮的位置，如图 44 所示。

图 44　敬茶

特别提示：

◆ 茶艺员向宾客奉茶，意在祝福好人一生平安。

◆ 摩洛哥人和西北地区的巴基斯坦人喜在绿茶中添加白砂糖。

◆ 奉茶，在绿茶茶艺中也称“观音捧玉瓶”。

步骤 10 观赏茶舞

请客人观赏杯中冲泡的特级龙井茶茶芽展开、簇立在杯底的情形，如图 45 所示。

图 45　茶芽在杯底展开、簇立

特别提示：

◆ 注入茶杯中的开水似春波荡漾，舒展开来的茶叶在清碧澄静的水中或上下浮沉，或左右晃动，其栩栩如生，宛如春兰初绽、翠竹争艳，又似有生命的精灵在舞蹈。

◆ 龙井茶采摘的三大特点“一是早，二是嫩，三是勤”，它的采摘又十分讲究细嫩和完整，在杯中簇立一个嫩芽的称“莲心”；一芽一叶称之为“旗枪”；一芽两叶称之为“雀舌”。

◆ 龙井茶的茶芽舒展开来，尖尖的茶芽如枪，展开的叶片如旗。所以，请客人观赏茶舞在绿茶茶艺中也称“春波展旗枪”。

步骤 11 闻茶

请客人品闻茶叶散发出来的香味。

特别提示：

◆ 龙井茶四绝是“色绿、形美、香郁、味醇”，所以品饮龙井要一看、二闻、三品味。

◆ 闻茶香时，看汤面冉冉上升的雾气中伴着缕缕茶香，犹如云蒸霞蔚，使人心旷神怡。茶艺中请客人闻茶也称“慧心悟茶香”。

步骤 12 品茶

请客人品饮龙井茶，并将品饮的方法进行说明，如图 46 所示。

图 46　品茶

特别提示：

◆ 请客人端杯小口啜饮，品尝茶汤滋味，缓慢吞咽，让茶汤与舌头味蕾充分接触，则可领略到名优绿茶的风味；若舌和鼻并用，还可从茶汤中品出嫩茶香气，让龙井茶的太和之气沁人肺腑。

◆ 清代茶人陆次之说：“龙井茶，真者甘香而不冽，吸之淡然，似乎无味，饮过之后，觉有一种太和之气，弥沦于齿颊之间，此无味之味，乃至味也。”请客人品茶在茶艺中也称“淡中回至味”。

步骤 13 **谢茶**

请宾客自斟自酌。

特别提示：

◆ 品尝头开茶，重在品尝名优绿茶的鲜味和茶香；品尝二开茶，重在品尝名优绿茶的回味和甘醇；至于三开茶，一般茶叶已淡，也无更多要求，能尝到茶味就算可以了。

◆ 让客人亲自动手，从茶事活动中去感受修身养性、品味人生的无穷乐趣，可谓“自斟乐无穷”。

[训练 2] 主泡宁红太子茶

基本步骤描述 焚香→洗杯→置茶→泡茶→奉茶→品茶。

特别提示：

◆ 在 3 个香炉中分别插入 1 支薰香并点燃。

• 茶是神农所赐，品茶时要特别恭敬。有传说“神农尝百草，日遇七十二毒，得茶而解之”。

• 品茶之前要清除浊气，使空气变得清新，即所谓“焚香净室”。

• 将 3 个香炉排成“品”字形，意喻“福、禄、寿”三星高照。

• 在焚香的过程中，洗尘静心、超凡脱俗。

◆ 用开水均匀地从每个玉茶杯上烫洗过，并将洗过的茶杯摆成“孔雀开屏”的形状。

◆ 用拇指和食指持茶筷夹取茶叶时，将其余的 3 个指头张开成孔雀形。

• “明珠”是农历谷雨前晴天的早晨，太阳尚未出山的时候，由尚未出嫁的女子，解去“红纱”，所取出的带露茶叶，即太子茶。采摘时只能摘一芽一叶。这被摘下的一芽一叶，即“一枪一旗”。“枪”指芽，“旗”指叶。采摘的过程也叫“仙女卸妆”。

• 置茶，在宁红太子茶茶艺中也叫“孔雀点头”“明珠入宫”。“入宫”即指将茶叶放入杯中。

◆ 将 90℃左右的开水从玉壶（如图 47 所示）中倒入玉茶杯中至七成满，之后将茶杯盖上。冲泡时，先将开水从杯的旁边均匀地慢慢地围绕“明珠”倒入；然后，对着“明

图 47 玉质壶器

珠”将水冲倒下去，这就是所谓的“游龙戏珠”。

• 冲泡，在宁红太子茶茶艺中也称“玉泉催花”。“玉泉”是指水；“催花”就是将太子茶泡上开水。

◆ 茶艺员在为维吾尔族、壮族宾客端茶时要用双手。在宁红太子茶茶艺中，奉茶也称“云腴献主”。“云腴”是指肥大的云。

◆ 揭开茶杯盖子，请客人观看变成了一朵盛开的花的“明珠”；细观茶水，茶水呈金红色的“金汤”；请客人用嘴轻吹茶水，观赏“金汤”掀起的一层微波，观赏金鳞片片、璀璨夺目的景象。在宁红太子茶茶艺中，品茶也称“评点江山”。“评点”即品茶，“江山”分别指水和茶质。

考核要点 15——乌龙茶的主泡

重点掌握

¤ 主泡乌龙茶的技法。

¤ 主泡乌龙茶的步骤。

[训练 1] 乌龙茶的主泡

1. 考核要求

(1) 掌握主泡乌龙茶的步骤。

(2) 掌握主泡乌龙茶的技法。

(3) 满分 30 分，考试时间 10 min。

2. 操作前应准备的茶具、茶叶、用品

茶盘、紫砂壶、公道杯各 1 个，闻香杯、品茗杯各 3 个，过滤网 1 个，茶艺用品组 1 套，乌龙茶 12 g，随手泡 1 个，茶巾 1 条。

3. 主泡乌龙茶的基本步骤

基本步骤描述

展示茶具→开水温壶、烫盏→请宾客赏茶→拨茶入壶→浸泡茶叶→倒掉头泡茶水→闻茶香→悬壶冲水→综合茶汤→斟茶入杯→双杯合扣→扣杯翻转→双手敬茶→刮去水珠→搓杯闻香→请宾客品茶→收杯谢客。

步骤 1 展示茶具

向宾客逐一展示泡茶所用的精美器具，如图 48 所示。

图 48　介绍茶具

特别提示：

◆ 紫砂茶壶是泡制乌龙茶的最佳器皿，如图 49 所示。

图 49　欣朴壶

◆ 展示茶具在茶艺中亦称“乌龙展具”。

步骤 2　开水温壶、烫盏

用开水洗烫茶壶（如图 50 所示）、茶杯。

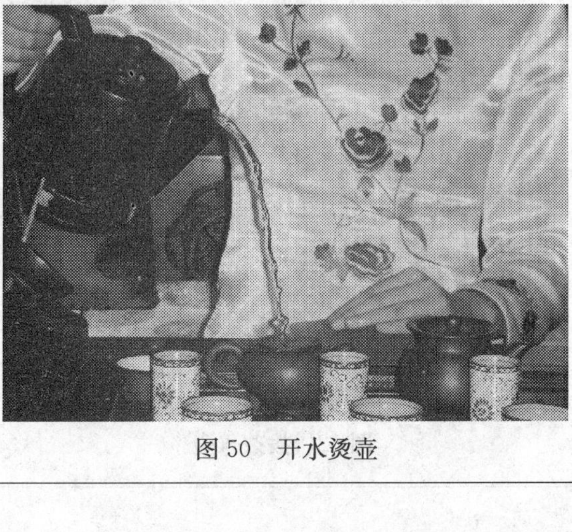

图 50　开水烫壶

特别提示：

◆ 用开水温壶烫盏，在乌龙茶茶艺中称“沐霖瓯杯”，又称“沐霖清心”。

◆ 在乌龙茶茶艺表演中，表演者可以这样解说：“我们可以借助茶的恬淡，来平和我们的心态，此时的温壶烫盏是为了提高壶、盅、杯的温度，因为冲泡乌龙茶要求水温达到 95℃以上。这升腾的雾气，宛如一场春雨，沐浴着我们充满希望的心灵。我们在泡茶过程中可以感受到，对生活的充分准备，要比对生活的热情更重要。也就是说，我们做人要做一个有准备的人，把所有的心事都放下，专注地来品一杯茶。”

步骤 3 **请客人赏茶**

用茶则将乌龙茶拨入茶荷（如图 51 所示），请嘉宾鉴赏干茶。

图 51　拨茶入荷

特别提示： 请宾客鉴赏干茶，在乌龙茶茶艺中亦称“茶约知音”。

步骤 4 **拨茶入壶**

用茶匙向壶中拨入干茶，如图 52 所示。

图 52　拨茶入壶

特别提示：

◆ 根据茶叶的紧结程度，乌龙茶投入量为壶容积的1/3～1/2。

◆ 拨茶入壶，在乌龙茶茶艺中亦称“登堂入室”“乌龙入宫”。宫者，室也。苏东坡诗曰：戏作小诗君勿笑，从来佳茗似佳人。

步骤5 浸泡茶叶

将开水注入壶中，直至水浸过壶中茶叶时止，如图53所示。

图53 浸泡茶叶

特别提示：

◆ 此泡为温润泡，这一泡只有茶的汤色，而无茶的香气，不宜敬上。

◆ 浸泡茶叶时，茶叶得水而净，遇水而舒展，焕发生气，如沐春风。所以，浸泡茶叶在乌龙茶茶艺中亦称“乌龙沐春”“润泽佳茗”。

步骤6 倒掉头泡茶水

将茶壶中的头泡茶水倒掉。

特别提示：头泡为温润泡，这一泡只有茶的汤色，而无茶的香气，不宜敬上。

步骤7 闻茶香

用双手将茶壶端起，嗅闻茶香，如图54所示。

特别提示：

◆ 闻茶香，在乌龙茶茶艺中亦称“心悦聆香”。

图 54　闻茶香

◆在乌龙茶茶艺表演中，表演者可以这样解说："此时茶的芬芳，犹如悄无声息的春天，温暖着我们。此时闻香就好像和春天握手一样。"

步骤 8　悬壶冲水

◆将随手泡抬高向壶中冲水进行第二次冲泡，使茶叶在壶中上下翻滚，冲洗打磨、滋润、浸泡茶叶，如图 55 所示。

图 55　悬壶冲水

◆在壶的表面浇淋一遍开水，以保持壶温和壶身洁净。

◆在静置 1 min 后，将第二次冲泡的茶水倒入茶盅里。

◆以悬壶高冲的手法进行第三次冲泡。

特别提示：

◆悬壶冲水，在乌龙茶茶艺中亦称"乌龙泻瀑""流泉汲翠"。

◆在乌龙茶茶艺表演中，表演者可以这样解说："悬壶高冲的手法是为了激发茶性，更好的泡出茶的色、香、味。要泡一壶好茶，需水的甘、清、鲜、活，才有茶的清香醇厚，犹如春风呼唤春雨，这一泡又可喻为春风化雨，化雨入泥，润泽了干涸的土地，启动万木生机。"

步骤 9 综合茶汤

将茶汤再倒入茶盅内进行综合茶汤，如图 56 所示。

图 56 综合茶汤

特别提示：因为先倒出的茶汤比后倒出的淡，所以，用茶盅来综合茶汤，这样就省略了"关公巡城""韩信点兵"，无论几位客人，品尝到的茶汤其味道都是相同的。综合茶汤，在乌龙茶茶艺中亦称"玉液合香"。

步骤 10 斟茶入杯

将壶中浸泡好的茶水，逐一斟入宾客杯中，如图 57 所示。

图 57 斟茶入杯

特别提示：这一操作步骤在乌龙茶茶艺中亦称“共享春阳”。

步骤 11 双杯合扣

将品茗杯倒扣在闻香杯上，如图 58 所示。

图 58　将品茗杯倒扣在闻香杯上

特别提示：这一操作步骤在乌龙茶茶艺中亦称“龙凤呈祥”。

步骤 12 扣杯翻转

将对扣的两个杯子翻过来，如图 59 所示。

图 59　将对扣的两个杯子翻过来

特别提示：这一操作步骤在乌龙茶茶艺中亦称“叩彩叠香”。

步骤 13 双手敬茶

双手端起茶盘彬彬有礼地向各位嘉宾、朋友敬奉香茗，如图 60 所示。

图 60　双手敬茶

特别提示：这一操作步骤在乌龙茶茶艺中被称作“敬奉香茗”。

步骤 14 **刮去水珠**

用右手提起闻香杯，沿品茗杯边绕一圈，把闻香杯边的茶汤刮掉，如图 61 所示。

图 61　刮去水珠

特别提示：这一操作步骤在乌龙茶茶艺中亦称“花好月圆”。

步骤 15 **搓杯闻香**

请宾客用双手轻搓闻香杯，深吸气，闻取茶香，让茶香沁人心脾，如图 62 所示。

图 62　闻茶香

特别提示：

◆ 这一操作步骤在乌龙茶茶艺中亦称“乌龙吐香”。

◆ 在乌龙茶茶艺表演中，表演者可以这样解说：“此时我们闻到的热香，仿佛是在春天丽日之下，将万物萌生的嫩绿，收获在这小小的杯盏之中，可谓浅瓯盛万千英华，难以区分个中香锐。”

步骤 16 请客品茶

◆ 请宾客以三龙护鼎的手势托起品茗杯，即拇指、食指托杯沿，中指托杯底，三指如龙，茶杯似鼎，如图 63 所示。

图 63 三龙护鼎式握杯

◆ 请宾客分三口饮尽杯中茶水。

• 请宾客用舌尖轻啜一口茶汤，充分感受茶的圆滑醇和。

• 请宾客让茶水在舌尖和齿缝间反复激荡，细细品味。

• 请宾客将余茶一口咽下，感受香气满怀，淋漓舒畅。

特别提示：

◆ 用舌尖轻啜茶汤，在乌龙茶茶艺中亦称“乌龙挥手”。

◆ 让茶水在舌尖和齿缝间反复激荡，在乌龙茶茶艺中亦称“乌龙荡舟”。

◆ 将余茶一口咽下，在乌龙茶茶艺中亦称“乌龙摆尾”。

◆ 在乌龙茶茶艺表演中，表演者可以这样解说：“浅浅一杯清茶，橙黄明亮，体现了自然的神奇，春的美妙，那么，让我们共品这杯香茗，以示对自然的虔诚和敬意。因为中国汉字品是由三个口字组成，所以，品饮这杯茶汤需要分三口咽下。”

步骤 17 收杯谢客

收回茶具，感谢宾客的光临，如图 64 所示。

图 64　收杯谢客

特别提示：在乌龙茶茶艺表演中，表演者可以这样解说：“每一次品茶都是与美好相约，齿颊留香之后的心灵芬芳是我们茶人最幸福的感知，谢谢光临。”

[训练 2] 主泡安溪功夫茶

基本步骤描述　泡前准备→展示茶具→煮沏茶水→烫热茶具→投放茶叶→冲水泡茶→端起茶杯→去除滴水→斟茶入杯→分注浓茶→为宾客奉茶→请宾客鉴汤→请宾客闻茶→请宾客品茶。

特别提示：

◆ 向宾客展示用安溪盛产的竹子、遵循本地传统竹器工艺制成的茶具，如图 65 所示。

• 向宾客展示泡茶用的茶具，如图 66 所示。

图 65　竹制茶具

图 66　蓝花图案功夫茶茶具

• 安溪茶乡有历史悠久的古窑址，早在五代十国就有陶器工艺，宋朝中期就有瓷器工艺。炉、壶、瓯杯以及托盘，号称“茶房四宝”。“茶房四宝”不仅可以泡茶，而且还有较高的收藏欣赏价值。

◆ 沏茶择水最为关键，水质不好，会直接影响茶的色、香、味，只有好水茶味才美。冲泡安溪铁观音，烹煮的水温需达到 100℃，这样冲泡出的茶才能体现铁观音独特的品质。

◆ 为了保持水温，将茶具烫热后再泡茶。用开水烫热茶具时，先烫瓯盖，再烫茶杯。“沐霖”既能保持瓯杯有一定的温度，又讲究卫生，起到消毒作用。在冲泡前，用开水烫热茶具在安溪功夫茶茶艺中叫“沐霖瓯杯”，也称“热壶烫杯”。

◆ 乌龙茶采用半发酵制作，铁观音是乌龙茶中的极品，其生长环境得天独厚，采制技艺十分精湛，素有“绿叶红镶边，七泡有余香”之美称，具有防癌、美容、抗衰老、降血脂等特殊功效。

◆ 装茶入杯的过程，名曰：“观音入宫”。

提起水壶，对准瓯杯，先低后高地将沸水冲入杯中至七成满后，用左手提起瓯盖，轻轻地在瓯面上绕一圈把浮在瓯面上的泡沫刮起；用右手提起水壶把瓯盖冲净。

◆ 把冲净的瓯盖盖上瓯杯，将茶泡 1～2 min。

• 按 1∶18～20 茶水比，注入开水，即投放 1 g 干茶，冲泡 20 mL 开水。

• 注入开水泡茶，即“悬壶高冲”，使瓯中茶叶随着水流旋转而充分舒展。

• 用瓯盖刮去茶水面上浮着的泡沫，在安溪功夫茶茶艺中称“春风拂面”。

• 泡茶 1～2 min 才能充分地释放出独特的香和韵。冲泡时间太短，色香味显示不出来；太久会有“熟汤味”。泡茶，在安溪功夫茶茶艺中称“瓯面酝香”。

◆ 为防止瓯外的水滴入杯中，提起瓯盖，沿托盘上边绕一圈，把瓯底的水刮掉。这在安溪功夫茶茶艺中称“行云流水”。

◆ 民间称巡回斟茶为“关公巡城”，在安溪功夫茶茶艺中称“观音出海”。

◆ 为使各茶杯中的茶浓淡均匀、香醇一致，将瓯底最浓部分均匀地一点一点滴注到各茶杯里。“将瓯底最浓部分点滴到各茶杯里”，民间称之为“韩信点兵”。在安溪功夫茶茶艺中称“点水留香”。

◆ 奉茶，在安溪功夫茶茶艺中称“敬奉香茗”。

◆ 铁观音有天然馥郁的兰香、桂花香，清香四溢，让人心旷神怡。闻茶香，在安溪功夫茶茶艺中称“细闻幽香”。

◆ 品啜铁观音的韵味时，呷上一口含在嘴里（如图 67 所示），慢慢送入喉中，顿时会觉得满口生津，齿颊留香，有一种特殊的感觉：六根开窍清风生，飘飘欲仙最宜人。这在安溪功夫茶茶艺中称“品啜甘霖”。

图 67　品啜甘霖

考核要点 16——武夷岩茶的主泡

重点掌握

¤ 主泡武夷岩茶的技法。

¤ 主泡武夷岩茶的步骤。

[训练 1] 用盖碗泡武夷岩茶

1. 考核要求

(1) 掌握主泡武夷岩茶的步骤。
(2) 掌握主泡武夷岩茶的技法。
(3) 满分 30 分，考试时间 10 min。

2. 操作前应准备的茶具、茶叶、用品

白玉瓷小盖碗 1 个，白玉瓷杯 4～6 个，茶盘 1 件，随手泡 1 套，茶艺用品 1 套，茶荷 1 个，茶巾 1 条。

3. 主泡武夷岩茶的基本步骤

基本步骤描述

请宾客入座→准备茶具→温杯洁具→准备泡茶用水→拨茶入碗→冲泡茶叶→斟茶入杯→闻取茶香→品茶展示→向宾客敬茶。

步骤 1 **请宾客入座**

用手礼请宾客入座，如图 68 所示。

图 68 请宾客入座

特别提示：请宾客入座，在武夷岩茶茶艺中亦称“恭请上座”。

步骤 2 准备茶具

准备冲泡武夷岩茶用的白玉瓷小盖碗和白玉瓷杯，如图 69 所示。

图 69　白玉盖碗和瓷杯

特别提示：白玉瓷小盖碗是泡制武夷岩茶的典型器皿。

步骤 3 温杯洁具

将开水倒入白玉瓷小盖碗和瓷杯中，对盖碗和瓷杯进行卫生消毒并提升其温度，如图 70 所示。

图 70　温杯洁具

特别提示：

◆ 温杯后，从盖碗中升腾的水雾气好似武夷山的晨雾拂岩撩壁，等待着去滋润天地撷英。

◆ 温杯洁具，这一操作步骤在武夷岩茶茶艺中亦称“晨雾拂岩”。

步骤 4 **准备泡茶用水**

将水烧沸，待水温回落到 90℃左右开始泡茶。

特别提示：

- 优质的武夷岩茶，其叶脉细嫩是不可以用滚开的沸水冲泡的。
- 准备泡茶用水，这一操作步骤在武夷岩茶茶艺中亦称“静心候泉”。

步骤 5 **拨茶入碗**

用茶针精心地将条索形的武夷岩茶拨入盖碗中，如图 71 所示。

图 71　拨茶入碗

特别提示：拨茶入碗，这一操作步骤在武夷岩茶茶艺中亦称“岩香入瓯”。

步骤 6 **冲泡茶叶**

用细流慢冲的手法，逆时针冲水于盖碗中，润泡茶叶 30～45 s，如图 72 所示。

图 72　浸泡茶叶

特别提示：冲泡茶叶，这一操作步骤在武夷岩茶茶艺中亦称“流泉润茶”。

步骤 7 斟茶入杯

用巡回斟茶的手法，将茶汤分入 4 个白玉杯中，如图 73 所示。

图 73　闻茶香

特别提示：斟茶入杯，这一操作步骤在武夷岩茶茶艺中亦称“甘露入杯”。

步骤 8 闻取茶香

手持碗盖，闻取茶香，如图 74 所示。

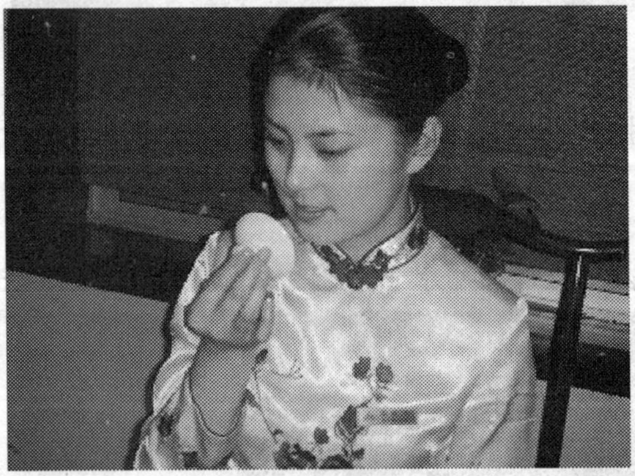

图 74　闻取茶香

特别提示：

◆ 武夷岩茶香馥，甘醇，回甘力极强。它所散发的幽幽淡淡的桂花香，仿佛将人带入茶仙的境界。

◆ 闻取茶香，这一操作步骤在武夷岩茶茶艺中亦称“岩岩飘香”。

步骤 9 品茶展示

用“三龙护鼎”的手法持白玉杯，分三口饮下这杯茶，如图 75 所示。

图 75　品茶展示

特别提示：

◆ 饮茶入口之时，心灵仿佛已与武夷山的一岩一石，一茶一花融为一体。岩茶那特有的回甘让您有"荡气回肠"之体验。

◆ 这一操作步骤在武夷岩茶茶艺中亦称"共享岩韵"。

步骤 10 **向宾客敬茶**

用双手将茶杯敬给宾客，如图 76 所示。

图 76　敬茶

特别提示：

◆ 面对一杯茶，我们油然而生的是敬意，对自然、对茶、对茶人的深深敬意。

◆ 这一操作步骤在武夷岩茶茶艺中亦称"溢远致静"。

[训练 2] 主泡武夷岩茶（壶泡法）

基本步骤描述　焚香静气→活煮甘泉→摆放茶具→开水洗壶→请客鉴茶→拨茶入壶→悬壶冲水→刮除泡沫→倒掉头泡茶水→开水淋壶→斟茶入杯→点斟茶水→双杯合扣→扣杯翻转→传递扣杯→请宾客闻茶→请宾客品茶。

特别提示：

◆ 江苏宜兴紫砂壶（如图 77 所示）既可用于泡茶称为“泡壶”（又称母壶），也可用于存放茶汤称为“海壶”（又称子壶）。

◆ 介绍茶具是茶艺展示的一个重要环节，可让客人了解源远流长的品茶历史。

大彬是明代人，以擅制紫砂壶而闻名，他所制造的紫砂壶令后人叹为观止，视若珍宝，所以，后人又把名贵的紫砂壶称为大彬壶，如图 78 所示。

图 77　苑菱壶

图 78　玉兰花六瓣壶

◆ 向壶中注入开水，用于洗壶。这在武夷岩茶茶艺中称为“大彬沐霖”。

◆ 请宾客鉴赏从乌龙茶的故乡武夷山带来的武夷岩茶，这一操作步骤在武夷岩茶茶艺中亦称“叶嘉酬宾”。“叶嘉”是苏东坡对茶叶的美称。

◆ 岩茶是乌龙茶中的珍品，将岩茶放入壶中，这一操作步骤在武夷岩茶茶艺中亦称“乌龙入宫”。

◆ 刮去泡壶表面的白色泡沫，会使茶叶洁净。用壶盖刮去泡沫时，动作要轻。这一操作步骤在武夷岩茶茶艺中亦称“春风拂面”。

◆ 品饮乌龙茶讲究的是“头泡水，二泡茶，三泡四泡是精华”。第一泡一般不喝，用于烫杯。

• 倒掉第一泡的茶水，这一操作步骤在武夷岩茶茶艺中亦称“乌龙入海”。

• 当泡壶中的茶汤倒净后，向壶中注入开水，并在壶的表面浇淋一遍开水，以提高壶温。这一操作步骤在武夷岩茶茶艺中亦称“重洗仙颜”。

• 岩茶冲泡得如何在于闷茶时间长短。根据茶叶泡茶手法的不同，闷茶时间为 10～90 s 不等。

◆ 将壶中茶汤巡斟入闻香杯，称为“祥龙行雨”，取之“甘露普降”吉祥之意。这一操作步骤在武夷岩茶茶艺中亦称“母子交融”。

◆ 当茶汤所剩不多时，将巡斟改为点斟。这一操作步骤在武夷岩茶茶艺中亦称“凤凰点头”。

◆ 当杯中茶汤斟好后，将品茗杯倒扣在闻香杯上（如图 79 所示）。这一操作步骤在武夷岩茶茶艺中亦称“龙凤呈祥”。

◆ 将两个合扣的杯子翻转过来（如图 80 所示），这一操作步骤在武夷岩茶茶艺中亦称“鲤鱼翻身”。

◆ 茶艺员应充满深情地传递合扣的茶杯（如图 81 所示）。因为在将茶水递送给客人的

图 79　龙凤呈祥

图 80　鲤鱼翻身

图 81　一杯香茗奉知己

同时，也在传递茶情，茶香情更浓。这一操作步骤在武夷岩茶茶艺中亦称“一杯香茗奉知己”。

◆ 将闻香杯绕品茗杯一周，这一操作步骤在武夷岩茶茶艺中亦称“花好月圆”。

◆ 双手搓杯，闻取杯底留香（如图 82 所示），这一操作步骤在武夷岩茶茶艺中亦称“喜闻幽香”。

图 82　喜闻幽香

考核要点 17——普洱茶的主泡

重点掌握

¤ 主泡普洱茶的技法。

¤ 主泡普洱茶的步骤。

［训练］普洱茶的主泡

1. 考核要求

（1）掌握主泡普洱茶的步骤。

（2）掌握主泡普洱茶的技法。

（3）满分 30 分，考试时间 10 min。

2. 操作前应准备的茶具、茶叶、用品

茶盘、紫砂壶各 1 个，玻璃盅 1 个，白瓷杯 3 个，过滤网、茶夹、茶针、茶漏和茶匙各 1 个，普洱茶 5～8 g，煮水壶 1 个，随手泡 1 套，茶巾 1 条，茶刀 1 把，茶荷 1 个。

3. 主泡普洱茶的基本步骤

基本步骤描述

致问候礼→展示茶具→温杯洁具→请宾客赏茶→拨茶入壶→浸泡茶叶→观汤色→请宾客品茶→收杯谢客。

步骤 1 致问候礼

向宾客致问候礼，如图 83 所示。

图 83 致问候礼

特别提示：茶艺师可以这样做开场白：首先，欢迎各位的光临。

千载普洱，时尚品位。普洱茶作为一种饮品越来越热，它的保健功效得到世界范围内的科学证实。普洱茶是健康时尚和文化品位的体现，它优雅浓郁的醇香，会让我们感受到岁月留给今天的丰富内涵。

步骤 2 展示茶具

向宾客逐一展示泡茶所用的精美器具。

特别提示：泡普洱茶一般喜欢使用紫砂壶、玻璃盅、滤网、白瓷杯等器具。

步骤 3 温杯洁具

用开水洗烫茶壶、茶杯。

特别提示：用开水温壶烫盏，这一操作步骤在普洱茶茶艺中亦称“抚美运香”。

步骤 4 请宾客赏茶

用茶刀在普洱茶上轻轻取下所需冲泡的茶（一般为 5～8 g）（如图 84 所示），请宾客鉴赏普洱茶的品质。

图 84　取普洱茶

特别提示：

◆ 普洱茶属于后发酵茶，在茶青制成之后仍会持续进行后氧化作用，茶性会越来越温和、不刺激。在存放方法得当的条件下，时间越久，氧化程度越完整，茶汤滋味越浓越醇和。所以，才有普洱茶越沉越香的说法。

◆ 请宾客鉴赏干茶，这一操作步骤在普洱茶茶艺中亦称“细端秀色”。

◆ 普洱茶的保健功效：明目清心，排毒醒酒；降脂降压，减肥美容；理气消食，利尿通泄；抗癌养生，抑菌长寿。

步骤 5　拨茶入壶

用茶匙向壶中拨入干茶。

特别提示：

◆ 投茶量要根据泡茶的器皿、品茗人数的多少及茶的种类而定，是紧压茶或是散茶，一般散茶可多投一点；而紧压茶可相对少一点。

◆ 拨茶入壶，这一操作步骤在普洱茶茶艺中亦称“神宫入玉”。

步骤 6　浸泡茶叶

将 100℃的沸水注入壶中，如图 85 所示。

图 85　浸泡茶叶

特别提示：

◆浸泡茶叶，这一操作步骤在普洱茶茶艺中亦称“醒茶”。

◆陈年普洱茶需要3泡的醒茶过程，而一般散茶则须要2次，新茶1次就可以，其目的是让茶整个浸润，茶质恰到好处地释放，以便品尝到真香、真味。

◆泡茶的水温对茶汤的香气、滋味都有很大的影响。冲泡陈年普洱茶的水温必须是100℃的沸水。

◆泡茶时间要根据茶叶的生、熟、新、老而掌握，也可根据客人口感的浓淡而掌握。

步骤7 观汤色

请宾客观看普洱茶汤色的明亮度和色泽变化：浅色的为生普洱茶，深色的为熟普洱茶（如图86所示）。

图86　色泽变化

特别提示：一杯好的普洱茶，要观其汤色的明亮度和色泽变化。

步骤8 请宾客品茶

◆请宾客品尝其味。

◆请宾客观看茶叶的叶底，叶底若显绿色是15年以内的生茶。

特别提示：

◆好的生普洱茶，其叶底的还原性好，可感到茶的活性；好的熟普洱茶，其叶底发酵均匀，不碳化，叶底颜色乌黑油亮。

◆品茶，在普洱茶茶艺中称“普洱出汤”。

◆在普洱茶茶艺表演中，表演者可以这样解说：“一瓯普洱，千年滋味。我们穿透暗红而深邃的茶汤，在千回百转之中，啜出茶马古道蹄声踏踏。这杯普洱让我们从迷思中醒来，气运味中，以味带香，甘醇浓厚，恰似老朋友；无论是三十年的香，还是十五年的味。我们可以借助茶汤的凝重，翻阅普洱茶的品质，获得做人的清、纯、正、气。”

（尝其味）此时我们啜饮入口，始能得其韵，一杯普洱茶在口（生、熟）甘露“生津”，令人神清气爽、持久不散不歇，这种感受我们称之为“回韵”。

步骤 9 **收杯谢客**

收回茶具，感谢宾客的光临。

考核要点 18——茉莉花茶的主泡

重点掌握

¤ 茉莉花茶主泡的技法。

¤ 茉莉花茶主泡的步骤。

[训练] 茉莉花茶的主泡

1. 考核要求

(1) 掌握茉莉花茶茶艺主泡的步骤。
(2) 掌握茉莉花茶茶艺主泡的技法。
(3) 满分 30 分，考试时间 10 min。

2. 操作前应准备的茶具、茶叶、用品

随手泡 1 套，木制托盘 1 个，青花茶荷 1 个，水盂 1 个，茶道具 1 套，盖碗 3 只，花茶每人 3～5 g，茶巾 1 条，如图 87 所示。

图 87　表演前茶具的准备

3. 茉莉花茶茶艺表演的基本步骤

基本步骤描述

开水烫杯→请宾客赏茶→投茶入杯→润茶→冲水泡茶→双手敬茶→请宾客闻香→请宾客品茶→请宾客回味→谢茶。

步骤 1 开水烫杯

当着宾客的面用沸水冲烫 3 只盖碗，使茶碗升温，如图 88 所示。

图 88　沸水冲烫盖碗

特别提示：

◆ 烫杯，这一操作步骤在茉莉花茶的茶艺中亦称“春江水暖鸭先知”或“热瀑乾坤”。

◆ 在茶艺表演中，表演者可以这样解说：“这升腾的雾霭，犹如倾天而下的瀑布，寓意着春天来临之际，天地万物对春天的渴盼和欢迎。这种升温的过程有利于茶汁的快速浸出。”

步骤 2 请宾客赏茶

请宾客观察茉莉花茶，闻花茶的香气，如图 89 所示。

图 89　请宾客赏茶

特别提示：

◆ 赏茶也称为“目品”，即用肉眼观察了茶坯，主要是观察茶坯的品种、工艺、细嫩程序及保管质量。“目品”是花茶三品（目品、鼻品、口品）中的头一品，目的即鉴赏花茶茶坯的质量。

◆ 茉莉花茶可以说是“香花绿叶相扶持”，茶坯色绿质嫩；花干的色泽白净明亮。茶坯多为优质绿茶，在茶中混有的茉莉花干，视之为“锦上添花”。

◆ 赏茶，在茉莉花茶的茶艺中又称“竟香撷英”。

◆ 在茶艺表演中，表演者可以这样解说：“花茶属于绿茶的再加工茶，又称香片。花茶集茶香与花香于一体，茶引花香，花提茶味。上好的花茶茶叶都是果树间种区窨制而成的。您选的是上等的花茶。请您赏茶。”

步骤 3 投茶入杯

用茶匙把花茶从茶荷中拨进茶杯，如图 90 所示。

图 90　拨茶入杯

特别提示：

◆ 落英缤纷玉杯里——用茶导把花茶从茶荷中拔进洁白如玉的茶杯中时，花干和茶叶飘然而下，恰似“落英缤纷”。

◆ 投茶，这一操作步骤在茉莉花茶的茶艺中亦称“仙女下凡”。

◆ 在茶艺表演中，表演者可以这样解说：“这叶叶香片，脱去尘世间的一切烦忧，轻轻盈盈地香临世界，可谓香清溢远，韵高致静。”

步骤 4 润茶

◆ 注入热水温润茶芽。

◆ 双手摇动杯盏，使水与茶充分融合，如图 91 所示。

图 91　摇动杯盏

特别提示：

◆润茶，这一操作步骤在茉莉花茶的茶艺中亦称“蕴香新蕊”，水与茶的融合将使茶香更高，滋味更醇。

◆在茶艺表演中，表演者可以这样解说：“双手摇动杯盏，使茶叶随着我们的心灵律动尽情而舒展的起舞，我们在茶的灵动之中，获得一份香醇。”

步骤 5　冲水泡茶

◆用 90℃左右的开水冲泡茶杯中特级茉莉花茶至七八成满，如图 92 所示。

图 92　冲水泡茶

◆随即加盖，静置 1～2 min 左右。

特别提示：

◆冲泡花茶一般要用“三才杯”，茶杯的盖代表“天”，杯托代表“地”，中间的碗代表“人”。茶人们认为茶是“天涵之，地载之，人育之”的灵物。三才化育甘露美——加盖静置的过程象征着天、地、人三才合一，共同化育出茶的精华。

◆冲泡花茶也讲究“高冲水”。热水从壶中直泻而下，注入杯中，杯中的花茶随水浪上下翻滚，恰似“春潮带雨晚来急”，为保证花茶的香醇，茶与水的比例约为1∶50。

◆向茶杯中冲水后加盖，避免香气散失。

◆泡茶，这一操作步骤在茉莉花茶的茶艺中亦称“香驰天涯”。

步骤6 双手敬茶

双手捧杯，举杯齐眉，注目宾客并行点头礼；然后从右到左，把沏好的茶依次一杯一杯地敬奉给宾客，如图93所示。

图93 双手敬茶

特别提示：

◆敬茶，这一操作步骤在茉莉花茶的茶艺中亦称“一盏香茗奉知己”。

◆在茶艺表演中，表演者可以这样解说：“我们带着对生命的敬意，向您献上这杯香茗，并行茶礼。”

步骤7 请宾客闻香

示意宾客用右手轻轻地将杯盖拿起置于鼻前，细闻茶香，如图94所示。

图 94　细闻茶香

特别提示：

◆ 闻香也称为“鼻品”，这是三品花茶的第二品，品花茶讲究“未尝甘露味，先闻圣妙香”。

◆ 闻香时，主要闻三个方面：一闻香气的鲜灵度，二闻香气的浓郁度，三闻香气的纯度。

◆ 闻香时，“三才杯”的天、地、人不可分离。细心地闻优质花茶的茶香，是一种精神享受，可谓“杯里清香浮情趣”。

◆ 闻香，这一操作步骤在茉莉花茶的茶艺中亦称“细闻妙香”。

◆ 在茶艺表演中，表演者可以这样解说：“细闻碗盖的幽香，会带给我们不同层次的美丽与美好。”

步骤 8 请宾客品茶

请宾客用左手托杯，右手将杯盖的前沿下压，后沿翘起，然后从开缝中饮茶；并介绍品茶的方法，如图 95 所示。

图 95　品茶

特别提示：

◆ 品茶是指三品花茶的最后一品——口品。只有“口品”，才能充分领略花茶所独有的“味轻醍醐，香薄兰芷”的花香与茶韵。

◆ 在品茶时，小口喝入茶汤，使茶汤在口腔中稍作停留，这时轻轻用口吸气，使茶汤在舌面流动，以使茶汤充分地与味蕾接触，有利于更精细地品悟出茶韵；然后闭紧嘴巴，用鼻腔呼气，使茶香直贯脑门。可谓“舌端甘苦人心底”。

◆ 品茶时“天、地、人”三才杯不要分离。

◆ 品茶，这一操作步骤在茉莉花茶的茶艺中亦称“啜饮芬芳”。

◆ 品茶时，男士可只用右手，先拨动茶汤，然后单手将杯身及杯盖提起饮用，显示出一种男人的豪迈气概。

步骤 9　请宾客回味

在品茶中领悟人生。

特别提示：茶人们认为，一杯茶可以品出百味，无论茶是苦涩、甘鲜，还是平和、醇厚，都会让人产生许多的感悟和联想，有的人“啜苦可励志”，有的人“咽甘思报国”，可谓是“茶味人生细品悟”！

步骤 10　谢茶

请客人细细品味，感受那“两腋习习清风生”的绝妙。

特别提示：

◆ 唐代诗人卢仝在他的传颂千古的《走笔谢孟柬议寄新茶》一诗中写出了品茶的绝妙感受。他写道：“一碗喉吻润，二碗破孤闷。三碗搜枯肠，唯有文字五千卷。四碗发轻汗，平生不平事，尽向毛孔散。五碗肌骨轻，六碗通仙灵，七碗吃不得也，唯觉两腋习习清风生。”

◆ 品味中才能体悟到：茶是祛襟涤滞、致清导和，使人神清气爽、延年益寿的灵物。

考核要点 19——清饮杯泡法

重点掌握

¤ 清饮杯泡法。

¤ 清饮壶泡法。

[训练] 红茶清饮杯泡法

1. 考核要求

(1) 掌握红茶清饮杯泡法的步骤。
(2) 掌握红茶清饮杯泡法的技法。
(3) 满分 30 分，考试时间 10 min。

2. 操作前应准备的茶具、茶叶、用品

红茶茶叶罐、木制托盘各 1 个，电随手泡 1 套，青花茶荷 1 个，茶道具 1 套，红茶每人 3～5 g，水盂 1 个，白色有柄瓷杯 3 只，茶巾 1 条。

3. 清饮杯泡红茶的基本步骤

基本步骤描述

准备茶具→冲洗茶具→请宾客赏茶→放置茶叶→冲水泡茶→双手奉茶。

步骤 1 **准备茶具**

将清饮杯泡红茶要用的茶叶罐、茶荷、茶匙、开水壶（煮水器）、茶巾、白色有柄瓷杯（如图 96 所示）和水盂准备好。

图 96　有柄瓷杯

步骤 2 **冲洗茶具**

用开水将 3 只茶杯冲烫一遍。

特别提示： 用开水冲杯，既可以洁净茶具，又可起到温杯的作用。

步骤 3 请宾客赏茶

用茶匙拨取适量茶叶入茶荷，供宾客欣赏干茶的外形及香气。

步骤 4 放置茶叶

用茶匙将茶叶依次拨入茶杯中，如图 97 所示。

图 97　拨茶入杯

步骤 5 冲水泡茶

将 90℃左右的开水以高冲法冲入茶杯，至七成满，如图 98 所示。

图 98　冲水

特别提示：

◆ 干茶 1 g 用水量在 50 mL 左右。泡茶所用的茶水比大小还依消费者的嗜好而异，经常饮茶者喜爱饮较浓的茶，茶水比可大些。相反，初次饮茶者则喜淡茶，茶水比要小。

◆ 宾客饮茶时间不同，对茶汤浓度的要求也有区别。饭后或酒后适饮浓茶，茶水比可大；睡前饮茶宜淡，茶水比应小。

步骤 6 **双手奉茶**

双手持杯托有礼貌地将冲好的茶奉给宾客，如图 99 所示。

图 99 双手奉茶

特别提示：

◆ 汉族大多推崇清饮，茶艺员采用玻璃杯为宾客沏泡茶，当宾客饮茶至杯的 1/3 水量时，需为宾客添水。为宾客添水 3 次后，需询问宾客是否需要换茶，因为此时茶味已淡。

◆ 藏族人喝茶有一定的礼节，喝第一杯时会留下一些，当喝过两三杯后，会把再次添满的茶汤一饮而尽，这表明宾客不想再喝了。这时，茶艺员就不要再为其添水了。

◆ 在为蒙古族宾客服务时，当宾客将手平伸，在杯口上盖一下，这表明宾客不再喝茶，茶艺员可停止斟茶。

◆ 茶艺员在为傣族宾客斟茶时，只需斟浅浅的半杯，以示对宾客的敬重。对尊重的宾客要斟三道，这就是俗称的“三道茶”。

考核要点 20——清饮壶泡法

重点掌握

¤ 清饮壶泡法。

[训练] 主泡祁门红茶

1. 考核要求

(1) 掌握主泡祁门红茶的步骤。
(2) 掌握主泡祁门红茶的技法。
(3) 满分 30 分，考试时间 10 min。

2. 操作前应准备的茶具、茶叶、用品

(1) 茶具：瓷质茶壶、茶杯 1 套，赏茶荷、茶巾、茶匙和茶盘各 1 个。
(2) 茶叶：祁门红茶 5 g。
(3) 用品：热水壶 1 个。

3. 主泡祁门红茶的基本步骤

基本步骤描述

准备茶具→展示茶叶→煮沏茶水→温热壶杯→投放茶叶→泡茶→敬奉茶水→请宾客闻香→请宾客观汤→请宾客品饮→收杯谢客。

步骤 1 准备茶具

品饮红茶，观色是重要内容。因此，盛茶杯以白瓷或内壁呈白色为好，而且所用壶与杯的用水量必须配套，如图 100 所示。

图 100 茶具

特别提示：

◆ 用紫砂壶（如图 101 所示）或咖啡壶泡祁门红茶均可。

图 101　紫砂壶、咖啡壶

◆ 泡祁门红茶也可以用瓷茶具，如图 102 所示。

图 102　瓷茶具

步骤 2　展示茶叶

向宾客展示赏茶盘中条索紧秀、峰苗好，色泽乌黑润泽的祁门红茶。

特别提示：

◆ 祁门红茶产于安徽省祁门县，清光绪年间开始仿照闽红试制生产。最终因其内质优异，与闽红、宁红齐名，国外也有将祁门红茶与印度大吉岭茶、斯里兰卡乌代的季节茶并称为世界三大高香茶。

◆ 向宾客展示祁门红茶，这一操作步骤在祁门红茶茶艺中亦称“宝光初现”。

步骤 3　煮沏茶水

用热水壶煮沏茶水至微沸，产生水泡。

特别提示：

◆ 加热壶水至微沸，即“清泉初沸”。

◆ 壶中上浮的水泡，仿佛“蟹眼”已生。黄庭坚煮茶时，根据煮水时水泡的大小命名：一沸“蟹眼”，二沸“鱼眼”，切忌三沸“龙眼”。

步骤 4 温热壶杯

将初沸的水，注入瓷壶及杯中，使壶、杯升温。

特别提示： 往瓷壶及杯注入开水，这一操作步骤在祁门红茶茶艺中亦称“温热壶盏”。

步骤 5 投放茶叶

用茶匙将赏茶盘中的 10～15 g 红茶拨入壶中。

特别提示： 祁门红茶被誉为“王子茶”，将其拨入壶中也称“王子”入宫。

步骤 6 泡茶

将滚沸不久、90℃左右的开水从高处注入置茶的壶中。

特别提示：

◆ 向壶中注入开水 250～300 mL，每克红茶冲泡 50～60 mL 的沸水，使茶与水之比为 1∶50～60。

◆ 从高处往壶中注水泡茶，这一操作步骤在祁门红茶茶艺中亦称“悬壶高冲”。

步骤 7 敬奉茶水

◆ 将茶泡 3～5 min。

◆ 提起茶壶，轻轻摇晃，待茶汤浓度均匀后，采用循环倾注法一一倾茶入杯，如图 103 所示。

图 103　分茶

◆ 用双手向宾客奉茶。

特别提示：

◆ 用循环斟茶法斟茶，使杯中茶汤的色、味一致。

◆ 分茶、奉茶，这一操作步骤在祁门红茶茶艺中亦称“分杯敬客”。

步骤 8 **请宾客闻香**

将一杯茶双手送给宾客后，请宾客闻茶香。

特别提示： 祁门红茶是世界公认的三大高香茶之一，其香浓郁高长，又有"茶中英豪""群芳最"之誉。香气甜润中蕴藏着一股兰花之香。

步骤 9 **请宾客观汤**

请宾客观赏汤色。

特别提示： 红茶的红色，表现在冲泡好的茶汤中。茶汤的明亮度和颜色，表明红茶的发酵程度和茶汤的鲜爽度。祁门红茶的汤色红艳，杯沿有一道明显的"金圈"。

步骤 10 **请宾客品饮**

闻香观色后，请宾客缓啜品饮。

特别提示：

◆ 祁门红茶口感以鲜爽、浓醇为主，与红碎茶浓强的刺激性口感有所不同。

◆ 红茶通常可冲泡三次，一泡之后，可再冲泡第二泡茶，三品得趣。三次的口感各不相同，细饮慢品，徐徐体味茶之真味，方得茶之真趣。

步骤 11 **收杯谢客**

请宾客清饮祁门红茶，领略其特殊的"祁门香"香气、独特的内质、隽永的回味和明艳的汤色。

特别提示： 祁门红茶除了可以清饮外，同样适于调饮。

考核要点 21——调饮泡法

重点掌握

¤ 调饮泡红茶的方法。

[训练] 调饮泡法

1. 考核要求

(1) 掌握调饮泡红茶的步骤。

(2) 掌握调饮泡红茶的技法和在泡茶过程中应注意的事项。

（3）满分 30 分，考试时间 10 min。

2. 操作前应准备的茶具、茶叶、用品

红茶茶叶罐、木制托盘各 1 个，开水壶 2 把，青花茶荷 1 个，茶道具 1 套，红茶每人 3～5 g，水盂 1 个，透明有柄玻璃杯 3 只，茶巾 1 条，羹匙 3 个，适量的冰块、牛奶、白砂糖、柠檬片等调饮用品。

3. 调饮泡红茶的基本步骤

基本步骤描述

准备茶具→冲洗茶具→放置茶叶→冲水泡茶→分茶入杯→按需调饮→双手奉茶→宾客品饮。

步骤 1 准备茶具

◆ 按 3 人配置茶壶和茶杯。

◆ 按宾客的要求准备相应的调饮用品，如冰块、牛奶、白砂糖、柠檬片等。

特别提示：茶杯选用有柄带托的瓷杯茶杯，也可选用透明的直筒玻璃杯或矮脚的玻璃杯，如图 104 所示。

图 104　有柄带托的透明玻璃杯

步骤 2 冲洗茶具

用开水壶中的开水冲洗茶杯，洁净茶具和温杯。

步骤 3 放置茶叶

用茶匙将茶叶拨入茶壶中。

特别提示：红茶用量控制在每人 3～5 g。

步骤 4 冲水泡茶

将 90℃左右的开水以高冲法冲入茶壶。

特别提示：

◆ 一般来说，红茶的茶水比以 1∶50～60 为宜。每克茶叶以冲泡 50～60 mL 沸水为好。根据壶的大小，红碎茶每克需 70～80 mL 水。

◆ 泡茶所用的茶水比大小还依消费者的嗜好而异，经常饮茶者喜饮较浓的茶，茶水比可大些。相反，初次饮茶者则喜饮淡茶，茶水比要小。

◆ 此外，饮茶时间不同，对茶汤浓度的要求也有区别，饭后或酒后适饮浓茶，茶水比可大；睡前饮茶宜淡，茶水比应小。

步骤 5 分茶入杯

将茶壶静置 3～5 min 后，提起茶壶，轻轻摇晃，待茶汤浓度均匀，滤去茶渣，一一倾茶入杯，如图 105 所示。

图 105　分茶

特别提示：英国人偏爱在红茶中加牛奶、白砂糖、柠檬片等。茶艺员在提供服务时应根据客人的需要适当添加调味品，以满足宾客需求。

步骤 6 按需调饮

依每位宾客的口味加入适量调味品，如牛奶和白砂糖（如图 106 所示），或 1 片柠檬，或 1～2 匙蜂蜜，或点上少许白兰地。

图 106　加入调味品

特别提示：

◆俄罗斯人也偏爱红茶，而且喜爱“甜”，他们在品茶时吃点心是必备的，所以茶艺员在服务中除了适当添加白砂糖外，还可以推荐一些甜味茶食，如图 107、图 108 所示。

图 107　茶点

图 108　冻顶莲耳汤

◆美国人受英国人的影响，多数人爱喝加白砂糖和奶的红茶，也酷爱冰茶，如图 109 所示。

图 109　茶香爱玉

在茶艺馆经营范围允许的情况下，茶艺员在服务中要尽可能地满足宾客的需要。

◆ 土耳其人喜欢品饮红茶，茶艺员在服务时可按照他们的习惯，准备一些白砂糖，供宾客加入茶汤中品饮。

◆ 巴基斯坦人以牛羊肉和乳类为主要食物，为了消食除腻，饮茶已成为他们生活的必需。巴基斯坦人饮茶风俗与英国大致相同，普遍爱好牛奶红茶（如图 110 所示），茶艺员在服务中可以添加适量白砂糖，以满足宾客需求，如图 111 所示。

图 110　牛奶红茶

图 111　添加适量白砂糖

步骤7 **双手奉茶**

双手持杯有礼貌地将调配好的茶递给宾客。

特别提示：每个杯托上放置一个羹匙。

步骤8 **请宾客品饮**

请宾客品饮时，用茶匙调匀茶汤，进而闻香、尝味。

亲临考场

当你已经具备了一定的动手能力后，你还不能确定自己是否能够顺利通过职业技能鉴定，在参加鉴定前，你还需要了解鉴定的内容、形式和难易程度。本部分按照职业技能鉴定考试的模式，给出完整的操作技能考核试卷，你可以检验一下自己的技能操作水平，并感受一下考场的氛围。

考场肃静，现在开始考试！

职业技能鉴定试卷

考场规则

¤ 每个考评组考评员不得少于 3 人，其中设主考 1 人。考评员各自独立评分，考生最终成绩取考评员评出的平均成绩。

¤ 考试项目中的时间计算，以主考或考评员口令“开始”或“请回答”为开始计时；以考生举手示意“完毕”或“回答完毕”为中止计时。

¤ 每次考试，若所有考生均采用同一套试卷，则需将已考生与未考生分开，以免泄漏有关试题内容，而导致考试成绩不公平。

试卷 1

中级茶艺师操作技能考核准备通知单

一、试题说明

1. 本试题命题以可行性、技术性、通用性为原则编制。

2. 本试题所考核的内容无地域限制。

3. 本试题中各项技能考试时间均不包括准备时间。在具体的考试中，各鉴定所（站）应该把每一试题考试准备的时间考虑进去。

4. 本试题必须在规定的时间内完成，不得延时。

二、考场准备

1. 考试在品茗室进行。

2. 品茗室设备及用具包括：品茗台、泡茶、饮茶主要用具，辅助用品，备水器，备茶器，盛运器，泡茶席，茶室用品，泡茶用水，冲泡用茶及相关用品，茶艺师用品。

3. 考场应干净整洁，空气新鲜，无环境干扰。

4. 考前由考务管理人员检查考场应具备的设备是否齐全。

三、人员要求

1. 考评员与考生比例为 1∶3。

2. 医务人员 1 名。

四、茶艺师考试要求细则

（一）仪容仪表

茶艺学员衣着大方得体、发型简洁、不化浓妆、不留长指甲；在考试之前不食生葱、蒜及带有强烈刺激性的食物，保持平和心态。

（二）茶艺表演

1. 音乐　茶艺学员在考试过程中应配有音乐，音乐应具有优美典雅的风格，其音乐的音量应大小适中，茶艺学员应知所选音乐的曲名及乐曲本身所要表达的意境，乐曲应与学员考试时所定茶之泡法相吻合。

2. 语言　考试时茶艺学员应配解说，解说内容丰富、全面、生动，解说声音优美、流畅、吐字清晰，应说普通话，在解说过程中应有间歇，应给表演及音乐留出相应空间，解说词应安排恰当，应与茶艺的进行配合默契。

3. 茶具　考试时所用茶具最好应是学员平日养护之物，具有良好光泽，壶、杯、烧水器等茶具的容量大小匹配，茶具色彩要谐调搭配，有主、有次。考试时应选用最宜其茶的茶罐及茶则，不能碰损干茶，装茶的容器放在茶台较显著位置，所用茶罐装茶容量以可用 2～3 次为宜，保持茶之香气、不应使干茶在无遮盖状态下干搁置时间超过 5 min。不能使用有缺口、有裂纹的茶具，有历史意义的茶具除外，茶巾应是清洗过的。

4. 茶叶　茶艺学员应对所用之茶熟悉，并有多次冲泡经验。考试时应准确表达用茶的最佳投放量，掌握最佳水温及浸泡时间，熟知考试所用茶的色香味形，产地品质及特征。

5. 举止　考试过程中，动作要流畅、准确、优美，行茶动作应有张有弛，有韵律感；考试时，应与考评人员有充分的目光交流，或简洁的问候；拿起茶具时应判断好位置，一次拿起；手持茶具时，应拿紧拿稳，不能有看似要脱落现象；放置茶具时，应判断好位置，一次放好，不应有令茶具悬空倾斜的现象。

6. 动作　考试泡茶时，应以茶艺学员的胸为中心，左、右两侧的道具应由左、右手分别拿放，左右手的工作量应相对均匀；单手动作时，另只手停放动作自然美观。

冲水斟茶时，水流应均匀，不能有断断续续的现象。

茶具摆放位置合理有序，行茶中随时注意，茶具之间无不必要碰撞，不要在茶台上平行拖动茶具，调整造型，水盂应放在不起眼的地方。

7. 表演结束　考试后应认真收拾好茶具，茶具应得到很好的爱护。

（三）品鉴

向考评员展示汤色要求：透亮均匀，茶味浓淡适宜，茶香高而持久，茶形整齐，无渣。

（四）考试时间

1. 茶艺表演　茶艺表演的考试时间为 10 min，要求上下场动作迅速，在预定时间内完成。

2. 干茶、茶汤评定　干茶评定和茶汤评定的考试时间为 5 min。

中级茶艺师操作技能考核试卷

说明：中级茶艺师技能考核是对茶艺师综合能力的考核。组卷采用随机抽取的方式，在正式考核前，通过抽签决定考核 4 种茶叶主泡中的哪一种。

一、仪容仪态

1. 工作内容：茶艺表演

2. 要求

（1）仪表整洁，仪容端正；声音清晰、甜美。

（2）举止文雅，动作规范；态度认真，亲切自然。

二、茶叶冲泡

1. 工作内容：台式乌龙茶泡法

2. 要求

（1）掌握主泡乌龙茶的步骤。

（2）掌握主泡乌龙茶的技法。

三、干茶评定

1. 工作内容：辨别干茶

2. 要求

（1）掌握干茶品级的识别方法。

（2）掌握干茶品级的识别步骤。

四、茶汤评定

1. 工作内容：品汤辨茶

2. 要求

（1）掌握观茶汤识茶的技巧。

（2）能通过观、品茶汤准确识别茶叶。

中级茶艺师技能考核评分记录表

培训单位：　　　　姓名：　　　　考号：　　　　考核等级：

题号	一	二	三	四	合计
成绩					

开始操作时间：　　　时　　　分

终止操作时间：　　　时　　　分

评　　委　　　　　　　　　　　　年　　月　　日

一、仪容仪态

序号	主要内容	考核要求	评分标准	配分	扣分	得分
1	仪容仪表	着装整洁，以中式古典服饰为主	着装不整洁，扣 2 分	2		
2	语言	语调轻缓、准确，言语富有内涵	语调粗重，不准确，扣 2 分	3		
3	动作	举止大方得体，动作优美而自然，娴熟而灵活，不生硬死板	动作生硬，不自然，扣 3 分	5		
备注			合计	10		
			考评员签字	年　月　日		

二、茶叶冲泡

序号	主要内容	考核要求	评分标准	配分	扣分	得分
1	选茶具	茶具选择准确、摆放位置标准	茶具位置摆放不标准，扣 2 分	2		
2	选茶	根据泡法选择“冻顶乌龙茶”	选错茶叶，扣 2 分	2		
3	台式乌龙茶泡法	（1）自我介绍、茶文化介绍、茶具介绍。语言准确、明了，动作优美、自然大方，茶文化介绍全面，语言介绍中引用诗词	介绍中语言不连贯，扣 1 分；未引用诗词，扣 2 分	3		
		（2）介绍茶叶特性	茶叶特性介绍不全面，扣 2 分	3		

续表

序号	主要内容	考核要求	评分标准	配分	扣分	得分
3	台式乌龙茶泡法	(3) 温具。水温准确，介绍温具目的	水温不准确，扣3分	3		
		(4) 置茶。茶量准确，介绍置茶量	茶量不准，扣2分	3		
		(5) 冲点。高冲水，手式优美，简明介绍	冲水方法不对，扣2分	3		
		(6) 斟茶。茶汤均匀，低斟茶、断水好、七分满	断水不好，扣1分；斟茶过满扣2分	3		
		(7) 奉茶。有祝福语，动作优美	无祝福语，扣2分；动作不优美，扣1分	3		
		(8) 品茶。介绍品茶方法，语言优美自然	品茶方法介绍不对，扣3分	3		
		(9) 整理。将桌面整理干净，行礼退出	未整理桌面，扣2分	2		
备注			合计	30		
			考评员签字	年　月　日		

三、干茶评定

序号	主要内容	考核要求	评分标准	配分	扣分	得分
	辨认干茶	准确说出茶叶等级。以6种干茶（茶楼常用，如绿茶、花茶、乌龙茶等）为准	说错一种，扣5分	30		
备注			合计	30		
			考评员签字	年　月　日		

四、茶汤评定

序号	主要内容	考核要求	评分标准	配分	扣分	得分
	品汤辨茶	准确说出所喝茶汤的茶名。以6种（常饮用）干茶为准	说错一种，扣5分	30		
备注			合计	30		
			考评员签字	年　　月　　日		

试卷2

中级茶艺师操作技能考核准备通知单

一、试题说明

1. 本试题命题以可行性、技术性、通用性为原则编制。

2. 本试题所考核的内容无地域限制。

3. 本试题中各项技能考试时间均不包括准备时间。在具体的考试中，各鉴定所（站）应该把每一试题考试准备的时间考虑进去。

4. 本试题必须在规定的时间内完成，不得延时。

二、考场准备

1. 考试在品茗室进行。

2. 品茗室设备及用具包括：品茗台、泡茶、饮茶主要用具，辅助用品，备水器，备茶器，盛运器，泡茶席，茶室用品，泡茶用水，冲泡用茶及相关用品，茶艺师用品。

3. 考场应干净整洁，空气新鲜，无环境干扰。

4. 考前由考务管理人员检查考场应具备的设备是否齐全。

三、人员要求

1. 考评员与考生比例为1∶3。

2. 医务人员1名。

四、茶艺师考试要求细则

（一）仪容仪表

茶艺学员衣着大方得体、发型简洁、不化浓妆、不留长指甲；在考试之前不食生葱、蒜及带有强烈刺激性的食物，保持平和心态。

（二）茶艺表演

1. 音乐　茶艺学员在考试过程中应配有音乐，音乐应具有优美典雅的风格，其音乐的音量应大小适中，茶艺学员应知所选音乐的曲名及乐曲本身所要表达的意境，乐曲应与学员考试时所定茶之泡法相吻合。

2. 语言　考试时茶艺学员应配解说，解说内容丰富、全面，生动，解说声音优美、流畅、吐字清晰，应说普通话，在解说过程中应有间歇，应给表演及音乐留出相应空间，解说词应安排恰当，应与茶艺的进行配合默契。

3. 茶具　考试时所用茶具最好应是学员平日养护之物，具有良好光泽，壶、杯、烧水器等茶具的容量大小匹配，茶具色彩要谐调搭配，有主、有次。考试时应选用最宜其茶的茶罐及茶则，不能碰损干茶，装茶的容器放在茶台较显著位置，所用茶罐装茶容量以可用2～3次为宜，保持茶之香气、不应使干茶在无遮盖状态下干搁置时间超过5 min。不能使用有缺口、有裂纹的茶具，有历史意义的茶具除外，茶巾应是清洗过的。

4. 茶叶　茶艺学员应对所用之茶熟悉，并有多次冲泡经验。考试时应准确表达用茶的最佳投放量，掌握最佳水温及浸泡时间，熟知考试所用茶的色香味形，产地品质及特征。

5. 举止　考试过程中，动作要流畅、准确、优美，行茶动作应有张有弛，有韵律感；考试时，应与考评人员有充分的目光交流，或简洁的问候；拿起茶具时，应判断好位置，一次拿起；手持茶具时，应拿紧拿稳，不能有看似要脱落现象；放置茶具时，应判断好位置，一次放好，不应有令茶具悬空倾斜现象。

6. 动作　考试泡茶时，应以茶艺学员的胸为中心，左、右两侧的道具应由左、右手分别拿放，左、右手的工作量应相对均匀；单手动作时，另只手停放动作自然美观。

冲水斟茶时，水流应均匀，不能有断断续续的现象。

茶具摆放位置合理有序，行茶中随时注意，茶具之间无不必要碰撞，不要在茶台上平行拖动茶具，调整造型，水盂应放在不起眼的地方。

7. 表演结束　考试后应认真收拾好茶具，茶具应得到很好的爱护。

（三）品鉴

向考评员展示汤色要求：透亮均匀，茶味浓淡适宜，茶香高而持久，茶形整齐，无渣。

（四）考试时间

1. 茶艺表演　茶艺表演的考试时间为10 min，要求上下场动作迅速，在预定时间内完成。

2. 干茶、茶汤评定　干茶评定和茶汤评定的考试时间为5 min。

中级茶艺师操作技能考核试卷

说明：中级茶艺师技能考核是对茶艺师综合能力的考核。组卷采用随机抽取的方式，在正式考核前，通过抽签决定考核4种茶叶主泡中的哪一种。

一、仪容仪态

1. 工作内容：茶艺表演

2. 要求

（1）仪表整洁，仪容端正；声音清晰、甜美。
（2）举止文雅，动作规范；态度认真，亲切自然。

二、茶叶冲泡

1. 工作内容：潮汕式泡法
2. 要求
（1）掌握主泡乌龙茶的步骤。
（2）掌握主泡乌龙茶的技法。

三、干茶评定

1. 工作内容：辨别干茶
2. 要求
（1）掌握干茶品级的识别方法。
（2）掌握干茶品级的识别步骤。

四、茶汤评定

1. 工作内容：品汤辨茶
2. 要求
（1）掌握观茶汤识茶的技巧。
（2）能通过观、品茶汤准确识别茶叶。

中级茶艺师技能考核评分记录表

培训单位：　　　　　姓名：　　　　　考号：　　　　　考核等级：

题号	一	二	三	四	合计
成绩					

开始操作时间：　　　　时　　　　分
终止操作时间：　　　　时　　　　分
评　　委　　　　　　　　　　　　　　年　　月　　日

一、仪容仪态

序号	主要内容	考核要求	评分标准	配分	扣分	得分
1	仪容仪表	着装整洁，以中式古典服饰为主	着装不整洁，扣2分	2		
2	语言	语调轻缓、准确，言语富有内涵	语言粗重，不准确，扣2分	3		
3	动作	举止大方得体，动作优美而自然，娴熟而灵活，不生硬死板	动作生硬，不灵活，扣3分	5		

续表

序号	主要内容	考核要求	评分标准	配分	扣分	得分
备注			合计	10		
			考评员签字	年　月　日		

二、茶叶冲泡

序号	主要内容	考核要求	评分标准	配分	扣分	得分
1	选茶具	茶具选择准确、摆放位置标准	茶具位置摆放不标准，扣2分	2		
2	选茶	根据泡法选择“凤凰水仙”茶	选错茶叶，扣2分	2		
3	潮汕式泡法	(1) 自我介绍、茶文化介绍、茶具介绍。语言准确、明了，动作优美、自然大方，茶文化介绍全面，语言介绍中引用诗词	介绍中语言不连贯，扣1分；未引用诗词，扣2分	3		
		(2) 介绍茶叶特性	茶叶特性介绍不全面，扣2分	3		
		(3) 温具。水温准确，介绍温具目的	水温不准确，扣3分	3		
		(4) 置茶。茶量准确，介绍置茶量	茶量不准，扣2分	3		
		(5) 冲点。高冲水，手式优美，简明介绍	冲水方法不对，扣2分	3		
		(6) 斟茶。茶汤均匀，低斟茶、断水好、七分满	断水不好，扣1分；斟茶过满，扣2分	3		
		(7) 奉茶。有祝福语，动作优美	无祝福语，扣2分；动作不优美，扣1分	3		
		(8) 品茶。介绍品茶方法，语言优美自然	品茶方法介绍不对，扣3分	3		
		(9) 整理。将桌面整理干净，行礼退出	未整理桌面，扣2分	2		

续表

序号	主要内容	考核要求	评分标准		配分	扣分	得分
备注			合计		30		
			考评员签字	年 月 日			

三、干茶评定

序号	主要内容	考核要求	评分标准		配分	扣分	得分
	辨认干茶	准确说出茶叶等级。以6种干茶（茶楼常用，如绿茶、花茶、乌龙茶等）为准	说错一种，扣5分		30		
备注			合计		30		
			考评员签字	年 月 日			

四、茶汤评定

序号	主要内容	考核要求	评分标准		配分	扣分	得分
	品汤辨茶	准确说出所喝茶汤的茶名。以6种（常饮用）干茶为准	说错一种，扣5分		30		
备注			合计		30		
			考评员签字	年 月 日			

理论知识强化

虽然你可能具有了较系统的理论知识，但在实际考核前你是否能完全、准确、无误地完成答卷，也许还需要实践的检验，在考核前再复习一下理论知识，强化你的记忆，不失为一个理智、有效的好办法，这对于提高答题的正确性和准确性将大有裨益。

本部分根据理论知识鉴定考核要点表的要求，针对考核范围，提示理论知识考核要点的内容。

考核范围 1——服务礼仪中的语言表达艺术

1. 交谈时的礼节

茶艺员在接待服务工作过程中，在向宾客提供面对面的服务时，与宾客进行交谈便成为茶艺服务的一部分，要想体现茶艺（馆）社主动、热情、耐心、周到、温馨的服务，茶艺员就要注重与宾客交谈时的礼节与技巧。

（1）称呼礼节。称呼礼节是指茶艺员在日常工作中与宾客交谈或沟通信息时应如何恰当使用称呼的礼节。

最为普通的称呼是“先生”“小姐”“女士”。在茶艺服务工作中，切忌使用“喂”来招呼宾客，若宾客离你较远，更不能高声叫喊，而应主动上前恭敬地称呼宾客。由于各国社会制度不同，民族、语言各异，风俗习惯相差很大，因而，茶艺员在如何正确称呼方面需要多加学习研究，并正确使用，以免造成不必要的误会，这是做好茶艺服务工作的一个不可忽视的方面。

（2）问候礼节。问候礼节是指茶艺员在日常工作中根据时间、场合和对象的不同用不同的礼貌语言向宾客表示亲切问候和关心的礼节。茶艺员应根据工作情况的需要，在与宾客见面时应主动问好，如，“您好，欢迎光临!”或在一天中的不同时候遇到宾客时要有不同的问候语，如，“早上好”“下午好”“晚上好”，这样会使对方备感自然和亲切。

（3）应答礼节。应答礼节是指茶艺员在回答宾客问话时应掌握的礼节。茶艺员在应答宾客的询问时不能坐着回答，要站立说话；不能心不在焉，要全神贯注地聆听宾客的讲话；在交谈过程中要始终保持良好的精神状态，要面带笑容、亲切热情，为使沟通能有效地进行必要时还要借助表情和手势。

茶艺员对宾客提出的问题要在真正明白后再作适当回答，不能不懂装懂、答非所问，更不能表现出不耐烦的样子，以免造成不必要的误会。

对于一时回答不了的问题，可先向宾客说明，待查询后再作答。凡是答应宾客的事，就要守信，说到做到，否则就是一种失礼行为。

2. 语言礼节性的体现

（1）与宾客对话时，应站立并始终保持微笑。

（2）使自己思想集中、表情专注，用友好的目光关注对方。

（3）在服务接待中要使用敬语。

（4）使用敬语时，要注意时间、地点和场合，语调要甜美、柔和。

（5）招呼宾客时要注意用“您”而不是用“你”或“喂”。

（6）当宾客光临时应先主动向宾客招呼说“您好”，然后再说其他服务用语，顺序不要颠倒。

（7）当与宾客说“再见”时，可根据情景需要再说上几句，如“欢迎再来”等其他的话语。

（8）茶艺员还可以通过关切的询问、征求的态度、提议的问话和有针对性的回答来加深与宾客的交流和理解，有效地提高茶艺馆的服务质量。

3. 交谈时的技巧

语言是人们表达意愿、交流思想感情的媒介或符号，是社会交际的工具。茶艺员在接待宾客时使用的礼貌语言具有体现礼貌和提供服务的双重特性，是茶艺员用来向宾客表达意愿、交流思想感情和沟通信息的重要交际工具，是茶艺员完成各项接待工作的重要手段。

在茶艺服务工作中，茶艺员应正确地使用服务用语。礼貌的服务用语是茶艺服务中的基本工具，根据茶艺工作的服务要求和特点来灵活掌握，要使每一句服务用语都发挥它的最佳效果，在工作中必须注重语言沟通时的技巧。

（1）要注意说话时的仪态。每一个茶艺员都应注意说话时的仪态，如在与宾客对话时，可通过点头和简短的提问、插话表示出对宾客谈话的关注和兴趣。

◆认真听取宾客的陈述。无论宾客说出来的话是出于误解、投诉或无知可笑，也无论宾客说话时的语气多么严厉或不近人情，甚至粗暴，都应耐心、友善、认真地倾听。

◆若双方意见各不相同，也不能在表情或举止上流露出反感、藐视之意，只可婉转地表达自己的看法，不能当面对其进行否定。

◆听的过程中不要随意去打断对方，也不要随意插话作辩解。

◆听话时要随时做出一些反应，不要显得呆板，可边微笑边点头倾听，同时还可以说“哦”“我们会留意这个问题”等话语，表明你在用心听，但这并不说明双方的意见完全一致。

◆在回答宾客的问题时，要做到口齿清晰、语气婉转、语调柔和声音大小要适中。同时，还要注意在与宾客对话时自动停下手中正在做的工作。

◆ 在与多位宾客交谈时，不能只顾一位而冷落了其他的宾客，要一一作答。

◆ 对宾客的合理要求，要尽快做出使宾客满意的答复。婉言拒绝宾客的过分或无理要求时，也要表现应有的热情、教养和风度。

◆ 在面对宾客的称赞时，应报以微笑并谦逊地感谢宾客的夸奖。

（2）要注意语言的准确和恰当。用词是否准确、恰当会给宾客不同的感受，产生不同的效果。如“请这边走”使宾客听起来觉得有礼貌，若把“请”字省去，变成了“这边走”，在语气上就显得生硬，而使宾客听起来不舒服，难以接受。再者，恰当、客气的用语能使人听起来更文雅，更易于接受，如用“您贵姓”代替“您叫什么”等。

（3）要注意语言简练、突出中心。在茶艺服务过程中，茶艺员要用简练的语言与宾客交谈。如果说话啰唆、拐弯抹角，虽费了许多时间还没把问题讲清，那么宾客就会厌烦、急躁，甚至产生误会。

（4）要注意说话的语音、语调、语速。茶艺员在与宾客说话时要注意控制语音、语调和语速，因为，说话不仅是在交流信息，同时也是在交流感情。复杂的情感能通过不同的语调和语速表达出来。

明快、爽朗的语音、语调会使人感受到说话者的大方和直率，若声音尖锐刺耳或说话速度过快，会使人感受到说话者的急躁、不耐烦。

另外，有气无力、拖着长长调子的语言，也会给人留下精神不振、矫揉造作的感觉。

因此，茶艺员在与宾客谈话时要掌握好音调与节奏。婉转柔和的语调，会给宾客营造一个和谐的交流氛围和良好的语言环境，这正是使用礼貌服务用语的要求之一。

考核范围 2——服务礼仪中的接待艺术

1. 接待的礼仪与技巧

茶艺馆中的香茗和悠悠古乐能使宾客工作之余来此休息消除疲劳、振奋精神；从事商业活动的人常常喜欢在茶艺馆这幽静的环境里洽谈生意，一些公司或团体有时也特意选择在茶艺馆这样的气氛中进行座谈；茶艺馆也是私人聚会的好场所，人们常常到这里来招待亲朋好友；年轻的情侣更热衷于在这幽雅的环境里约会。茶艺员在为宾客提供服务时，其接待的礼仪与技巧在烘托茶艺馆温馨的气氛方面显得尤为重要。

茶艺员在接待宾客时需要注意以下几点：

（1）上岗前，要做好仪容、仪表的自我检查，做到仪容端正、仪表整洁。

（2）上岗后，要做到精神饱满、思想集中，随时准备接待光临的宾客。

（3）对进入茶艺馆的宾客要笑脸相迎，致以亲切的问候；温馨的语言和可亲的面容可使宾客一进门就感到心情舒畅。

（4）如果有宾客光临时又带来了几位新宾客，那么对这些新宾客要像对待老朋友一样，应特别热情地招呼接待。

（5）恭恭敬敬地向宾客递上清洁的茶单，然后耐心地等待宾客的吩咐。对宾客提出的各项具体要求要仔细地听、完整地记录，为避免出现差错，必要时向宾客复述一遍。

(6) 留意宾客的特殊要求，如“茶叶用量的多少”等问题，尊重宾客的意见，严格按宾客的要求去做。

(7) 当宾客对要饮用什么茶或选用什么茶食拿不定主意时，要热情礼貌地向其推荐，使宾客感受到服务周到。

(8) 在为宾客做茶时，要讲究操作的举止文雅、态度认真和茶具清洁，不能举止随便、敷衍了事。

(9) 工作中，要注意站立的姿势和位置。趴在茶台上或和其他服务员聊天是对宾客不礼貌的行为。

(10) 宾客示意结账时，应双手递上托盘，内置账单，请宾客查核款项有无出入。

(11) 对宾客赠送的小费，应婉言拒绝，自觉遵守纪律。

(12) 宾客离去时，要热情相送，并表示欢迎他们再次光临。

2. 接待中的礼仪举止

举止优雅，风度洒脱，常常能给人留下深刻的印象。在服务接待工作中，茶艺员与宾客的交流经常会借助于人体的各种举止动作，也就是人们通常所说的“肢体语言”。作为一种无声的“语言”，肢体语言在茶艺接待工作中有着特殊的意义和重要的作用。所以，茶艺员的举止要符合礼仪的要求。

(1) 茶艺员要掌握规范的站姿和优雅的坐姿。

(2) 适当运用手势给宾客一种含蓄、彬彬有礼、优雅自如的感觉。如，在为宾客引路指示方向时，应掌心向上，面带微笑，眼睛看着目标方向，并兼顾宾客是否意会到目标。切忌用手指来指去，这样是不礼貌的。

(4) 在服务中，如需与宾客交谈，要注意语言、语调适当、适量，不能忘乎所以，手势不宜过多，动作不宜过大，更不要手舞足蹈；要耐心倾听，不与宾客争辩。

(5) 在服务接待过程中不能使用向上看的目光，以免给人以目中无人、骄傲自大的感觉。

(6) 为了表示对宾客的尊重，在与宾客交谈时，目光应正视对方的眼鼻三角区。

(7) 对宾客之间的谈话，不要侧耳细听；当宾客低声交谈时，应主动回避。

(8) 宾客有事招呼时，既不要紧张地跑步上前询问，当然也不要漫不经心。

考核范围3——茶叶质量分级知识

1. 茶叶等级的判定方法

评定茶叶等级时，一般应对照实物标准样或成交样，对茶叶的外形、内质等分别评定，按一定的判定原则判定其等级或品质是高于、相当或低于标准样或成交样。

对一般红绿毛茶等级的判定是通过对照毛茶实物标准样，对其外形、内质分别确定等级。各级的实物标准样代表着该级的最低品质，低于它的则应归入下一级别。

例如，对照实物标准样评比，如果低于一级二等标准样而高于一级四等标准样，则将外形定在三等；再经开汤审评，在香气滋味正常情况下，对照二等和四等的实物标准样的叶底进行内质评定，若品质介于两个标准样之间，则定为三等，若相当于四等标准样，则定为四等。

如果来样品质为次品茶，评定时先对照实物标准样对其外形进行定等，再根据其品质的缺陷程度进行降级处理，一般降1～3个等级。对品质稍有陈气味，尚未霉变的隔年陈茶，按其外形等次降低1～2个等级处理；有霉味的则应归入劣质茶，不得收购或销售。对于绿茶中的红梗红叶茶，红茶中的花青茶，以及其他烟、焦、酸、馊、异等次品茶，可根据其变异程度，对其进行65%、75%或85%的打折处理。

2. 茶叶品质的判定方法

判定精制茶品质，一般按照加工标准样、贸易标准样或双方合同成交样，采用七档制方法，对茶叶的外形内质各因子逐项进行评比，再结合各因子在整体品质中所占的比重，做出是否符合对照样的评定。

七档制方法是指用高（+3分）、较高（+2分）、稍高（+1分）、相当（0分）、稍低（−1分）、较低（−2分）、低（−3分），这七个档次来评定茶的品质与标准差距的判定方法。

当累积分为−3分时，即一项因子低（−3分），或一项因子较低、一项因子稍低（总分也为−3分），或三项因子稍低（−3分）时，可判定其品质低于标准；当累积分为−2分时，其品质较低于标准；累积分为−1分时，其品质为稍低于标准。

同理，当累积分为+3分时，其品质高于标准；累积分为+2分时，其品质较高于标准；累积分为+1分时，其品质稍高于标准；当累积分为0分时，品质相当于标准。

考核范围4——茶具质量知识

1. 陶与瓷的主要区别

茶具多为陶瓷制品，陶瓷是陶器与瓷器的总称。其中，瓷器源于陶器，是陶器生产发展的结果。了解陶与瓷的不同性能有助于在选择茶具时，根据不同茶叶、不同饮用方法等有针对性地选用。陶与瓷的主要区别如下：

（1）所用原料不同。陶器一般用黏土，少数也用瓷土；瓷器是用瓷石或瓷土作胎。因原料不同，其成分就有所差异。

以宜兴紫砂陶为例，其作胎原料是含铁的黏土－石英－云母系。铁质以赤铁矿形式存在，主要物质是石英、莫来石和云母残骸，它们的结晶细小均匀。烧制白陶的高岭土是一种以高岭石为主要成分的黏土，呈白色或灰白色，且光泽暗淡。纯粹的高岭土含氧化硅46.51%、氧化铝39.54%、水13.95%，熔化度为1 780℃，因其可塑性差、熔点高，制作时需要掺入其他材料。

瓷石是由石英、长石、绢云母、高岭石等组成，待其完全风化后就是通常所见的瓷土。制作瓷器的瓷石半风化后，经扬碎、淘洗而成为制胎原料，主要成分是氧化硅、氧化铝，以及少量的氧化钙、氧化镁、氧化钾、氧化钠、氧化铁、氧化钛、氧化锰、五氧化二磷等化学物质，熔化度一般为1 100～1 350℃。熔化度高低与所含助熔物质的多少成反比。

(2) 胎色不同。由于陶器制胎原料中含铁量较高，一般呈红色、褐色或灰色，且不透明；瓷器的胎色为白色，具有透明或半透明性。

(3) 釉的种类不同。釉系陶瓷表面所具有的玻璃质感的光亮层，由瓷土（或陶土）和助熔剂制成。

在陶器一般表面不施或施以低温釉，其助熔剂为氧化铅。秦汉时就大量烧制这类铅釉陶。唐代的三彩、宋代的低温颜色釉、明代的五彩和清代的粉彩所施的釉均属此类釉。

在瓷器表面所施的高温釉主要有石灰釉和石灰—碱釉两种。石灰釉以氧化钙等为助熔剂，含量多在10%以上；石灰一碱釉中氧化物的总和常在4%以上。

(4) 烧制温度不同。由于制胎材料的不同，陶器的烧制温度一般在700～1 000℃之间，瓷器烧制温度一般在1 200℃以上。

(5) 总气孔率不同。总气孔率是陶瓷致密度和烧结度的标志，它包括显气孔率和闭口气孔率。普通陶器总气孔率为12.5%～38%；精陶为12%～30%；细炻器（原始瓷）为4%～8%；硬质瓷为2%～6%。

(6) 吸水率不同。吸水率是陶瓷结度和瓷化程度的重要标志，是指器体侵入水中充分吸水后，所吸收的水分重量与器体本身重量的比例。普通陶器吸水率都在8%以上，细炻器为0.5%～12%，瓷器为0.5%。

对上述各项均须综合考虑，才能正确地区分陶器与瓷器，若仅比较其中一两项，容易产生错觉。例如，浙江上虞黑瓷，因其作胎材料中含铁量为2%～3%，所以其胎亦呈红、灰等色；南宋官窑所产瓷器具有不同胎色，并以“紫口铁足”为贵。北方瓷器因其胎中含氧化铝较高，大部分瓷器因不能达到致密烧结，而使吸水率较高，有的可达5%以上，这些瓷器若单单按上述的一两条来衡量，就不能称之为瓷器了。因此，在实际鉴别时，必须同时兼顾原料、釉、高温三方面因素进行综合考虑。

2. 不同花色品种的瓷器

陶瓷器的色泽与胎或釉中所含矿物质成分密切相关，即使含有相同矿物质成分也会因其含量的高低，而变化出不同的色泽。陶器通常用含氧化铁的黏土烧制而成，却因烧成温度和氧化程度不同，而呈现出黄、红棕、棕、灰色等不同色泽。若在黏土中再添加其他矿物质成分，还可以烧制出其他色泽来。瓷器历来就花色品种丰富，变化多端：

(1) 青瓷。青瓷是表面施有青色高温釉的瓷器。青瓷釉中主要的呈色物质是氧化铁，含量为2%左右。釉因氧化铁含量的多少、釉层的厚薄和氧化铁还原程度的高低不同，而呈现出深浅不一、色调不同的颜色。若釉中的氧化铁较多地还原成了氧化亚铁，那么釉色就偏青，反之则偏黄，这与烧成气氛有关。

烧成气氛指焙烧陶瓷器时的火焰性质。焙烧的火焰有氧化焰、还原焰和中性焰三种，其中，氧化焰指燃料充分燃烧生成二氧化碳的火焰；还原焰是指燃料在缺氧状态下燃烧，产生大量一氧化碳、二氧化碳及碳化氢等的火焰；中性焰则介于两者之间。用氧化焰烧成的釉，釉色发黄；用还原焰烧成的则偏青。

青瓷常以“开片”来进行装饰。所谓开片就是瓷的釉层因胎原料、釉膨胀系数不同而出现的裂纹。官窑传世之作的表面就有大小开片，小片纹呈黄色，大片纹呈黑色，故有“金丝铁线”之称。南宋官窑最善于应用开片，且具有胎（呈灰、黑色）薄、釉层（呈粉青、火黄、青灰等色）丰厚的特点，器物的口沿处因釉层下垂而微露胎色，器物底足由于垫饼垫烧而露胎，呈为“紫口铁足”，以此为贵。越窑所产青瓷驰名世界，这是因为其作品呈现出一种特别的“雨过天晴”色，且质地如冰似玉，后流传至国外，成为中国瓷器的代表作。

（2）黑瓷。黑瓷是表面施有黑色高温釉的瓷器。釉料中氧化铁的含量在5%以上。商周时出现原始黑瓷，东汉时上虞烧制的黑瓷所施釉厚薄均匀，釉色呈黑、黑褐等数种，至宋代黑釉品种大量出现。建窑烧制的兔毫纹、油滴纹、曜变等茶碗，因其釉中含铁量较高，烧窑保温时间较长，又在还原焰中烧成，釉中所析出的大量氧化铁结晶使成品显示出流光溢彩的特殊花纹，每一件器物细细看去皆有其独特之处自成一派，是不可多得的珍贵茶器。

（3）白瓷。白瓷是表面施透明或乳浊高温釉的白色瓷器。在长期的实践当中，窑匠们进一步掌握了使瓷器变色的规律，在烧制青瓷的基础上，降低釉中氧化铁的含量，用氧化焰烧成的，釉色一般白中泛黄或泛绿色；还原焰烧成的釉色泛青，有“青白瓷”“影青”之称。唐代白瓷生产已十分发达，技艺卓越者首推北方的邢窑，所烧制的白瓷如银似雪，一时间与南方生产青瓷的越窑齐名，世称“南青北白”。

（4）颜色釉瓷。颜色釉瓷是各种施单一颜色高温釉瓷器的统称，其主要着色剂有氧化铁、氧化铜、氧化钴等。以氧化铁为着色剂烧成的有青釉、黑釉、酱色釉、黄釉等；以氧化铜为着色剂烧成的有海棠红釉、玫瑰紫釉、鲜红釉、石红釉、红釉、豇豆红釉等，均以还原焰烧制而成，若以氧化焰烧成，釉则呈绿色；以氧化钴为着色剂烧制的瓷器，烧制后呈深浅不一的蓝色。再有呈黄绿色含铁结晶釉色的瓷器也属颜色釉瓷，俗称“茶叶末”。

（5）彩瓷。彩瓷是釉下彩和釉上彩瓷器的总称。釉下彩瓷器是在坯上用色料进行装饰后，再施青色、黄色或无色透明釉，在高温中烧制而成的瓷器。釉上彩瓷器则是在烧成的瓷器上用各种色料绘制出图案，再经低温烘烤而成的瓷器。

（6）青花。青花是釉下彩品种之一，又称“白釉青花”，是在白色的生坯上用含氧化钴的色料绘成图案花纹，外施透明釉，经高温烧成。用氧化焰烧制时，青花色泽灰暗，用还原焰烧制青花色泽鲜艳。

（7）釉里红。釉里红是釉下彩品种之一，是在瓷器生坯上用含氧化铜的色料绘成图案花纹，然后施透明釉，用还原焰高温烧制而成。

（8）斗彩。斗彩是釉下青花与釉上彩结合的品种，又称“逗彩”，是在瓷器生坯上用青花色彩勾绘出花纹的轮廓后，施透明釉，用高温烧成，再在轮廓内用红、黄、绿、紫等多种色彩填绘，经低温烘烤而成。除填彩外，还可在轮廓内进行点彩、加彩、染彩。

(9) 五彩。五彩是釉上彩品种之一，又称“硬彩”，是在已烧成的白瓷上用红、绿、黄、紫等各种彩色颜料绘成图案花纹，再经低温烘烤而成。

(10) 粉彩。粉彩是釉上彩品种之一，又称“软彩”，是在烧成的素瓷上用含氧化砷的“玻璃白”打底，然后用各种彩色颜料渲染绘画，再经低温烘烤而成。

(11) 珐琅彩。珐琅彩是釉上彩品种之一，又名“瓷胎画珐琅”，也就是在烧成的白瓷上用珐琅料作画。珐琅料中的主要成分为硼酸盐和硅酸盐，配以不同的金属氧化物，经低温烘烤后即呈不同颜色，多以黄、绿、红、蓝、紫等色彩做底，再彩绘花卉、鸟类、山水和竹石等各种图案。

考核范围 5——有关泡茶用水知识

1. 泉水

清、洌、甘、轻、洁、寒、活的泉水大多出自岩石重叠的山峦。山上植被繁茂，从山岩断层涓涓细流汇集而成的泉水，不但含有丰富的二氧化碳等对人体有益的微量元素，而且作为地下水，在流经地层的过程中被岩沙层反复地过滤，杂质已被清除，水质清澈晶莹，含氯化物极少，因而十分洁净清爽。

泉水在涌出地面之后，吸收了空气中的氧分，增加了溶解氧，在水中二氧化碳的作用下，溶解了钠、钾、钙等矿物质，水质变得更加纯净，而且有益健康。泉水被加热后，其中呈酸性碳酸盐状态的矿物成分被分解，释放出碳酸气。

所以，以泉水烹茶，总能使茶叶的色、香、味、形得到最大的发挥，饮用时分外清澈甘美。

2. 天落水

天落水，包括雪、雨、露、霜，被认为是灵水。文人逸士们曾敲冰扫雪用以煮茶，成为千古佳话。雨水则因天时不同，情况有别。一般认为，秋雨因天高气爽、空中灰尘少，而水味“清洌”，是雨水中的上品；梅雨因天气沉闷，阴雨连绵，而使水味逊色；夏天雷雨较多，时有飞沙走石，致使水质不净。

无论是雪水还是雨水，只要不是在空气被污染的工业区，与江、湖、河水相比，它们还总是洁净的，不失为上等沏茶的用水。

3. 江水、河水、湖水

江、湖、河水属于地面水，通常含杂质较多，浑浊度较高，如用来沏茶难以取得好的效果。

若在远离人烟污染物少的地方，江、湖、河水仍可作为沏茶用水。正如陆羽在《茶经》中所说的“其江水，取去人远者”。唐代白居易在诗中说：“蜀茶寄到但惊新，渭水煎来始觉珍”，他认为用渭河水煎茶就很好；李群玉的“吴瓯湘水绿花”，则表明他认为用湘江水煎茶也不差；明代许次纾在《茶疏》中说：“黄河之水，来自天上。浊者土色，澄之即净香味自发。”他认为即使是浑浊的黄河水，只要加以澄清处理，也能不损害茶汤的高香醇味。

4. 井水

井水属地下水，悬浮物含量较少，透明度较高。但因其多为浅层地下水，易受污染危害，特别是城市井水，若用来沏茶，有损茶味。若用清洁的活水井中的水沏茶，则仍可获得一杯佳茗。明代陆树声在《煎茶七类》中说“井取多汲者，汲多者水活”，指的就是用活井水沏茶。也就是说用远离污染源的井水来沏茶是可以的。明代焦竑的《玉堂丛语》，清代窦光鼐、朱筠的《日下旧闻考》中都提到了京城文华殿东庖井，其水质清明甘洌，曾是明清两代皇宫的饮用水源。

5. 自来水

现在我们一般不会直接饮用江水、河水，而是饮用经过了消毒、杀菌等加工处理后的自来水。

我们饮用的自来水大多含有较多的用来消毒的氯气，在自来水管中滞留较久的水还会含有较多的铁质，若直接用这种水沏茶就会严重地损害茶的香味和色泽。因为，当水中的铁离子含量超过万分之五时，会使茶汤变成褐色；水中氯化物与茶中的多酚类化合物会发生作用，而使茶汤表面形成一层“锈油”，喝起来有一种苦涩味。

因此，用自来水沏茶，最好先将其进行处理，也就是先将准备用来沏茶的自来水盛在容器中存放一天，待氯气等散发后再将其煮沸用来沏茶；或者是通过净水器，将水净化、矿化。

6. 水的硬度影响茶汤的品质

天然水分硬水和软水两种。硬水指每千克水中钙、镁离子含量超过 8 mg 的水。用硬水泡茶，茶汤颜色会变暗，使茶失其本味，轻者毫无甘爽之味，重者又苦又涩，完全不能饮用，因而，硬水不宜用来泡茶。

大多数硬水中的钙、镁离子成分，在经过高温煮沸之后，能够分解沉淀，在容器内壁上形成水垢，从而使水中的钙、镁离子大量减少，将硬水变成了软水。这种硬水被称为暂时性硬水，大自然中的硬水大多数为暂时性硬水，只要将水煮沸，仍可用来泡茶。

软水是理想的泡茶用水，因为每千克软水中钙、镁离子含量不到 8 mg。用软水泡茶，茶汤则清澈明亮，香气高爽馥郁，滋味也醇正甘洌。

大自然中的软水是指雨水、露水、雪水等天落水。这种水的量本来就不多，再加上由于工业发展而使大气污染程度日益严重，出现了酸雨等现象，天落水也难像以前那么干净、纯洁了。

虽然，蒸馏水也是软水，但因其收集获取十分不易，也就不被普遍使用。所以，人们日常生活使用的沏茶用水还是泉水、江水、河水、湖水、井水、溪水等硬水。

水的硬度影响水的 pH 值（酸碱度），而 pH 值又影响茶汤的色泽。当 pH 值大于 5 时，茶汤色泽加深；当 pH 值达到 7 时，茶黄素就会自动氧化而损失。

另外，水的硬度还影响茶叶中有效成分的溶解度。软水中含其他溶质少，茶叶中有效成分的溶解度就高，茶味浓；硬水中含有较多的钙、镁离子和矿物质，茶叶中有效成分的溶解度降低，故茶味淡。

如果水中铁离子含量过高，茶叶中多酚类物质与铁作用，茶汤就会变成黑褐色，甚至浮起一层“锈油”，几乎无法饮用。

如果水中铅的含量达到 0.1×10^{-6}，茶味变苦；若水中镁的含量大于 2×10^{-6} 时，茶味变淡；水中钙的含量大于 2×10^{-6} 时，茶味变涩，若水中钙的含量达到 4×10^{-6}，则茶味变苦。

由此可见，泡茶用水宜选择软水或暂时性硬水。

7. 对沏茶用水的要求

现代科学要求，沏茶用水除了要无毒或不超过有毒的标准、无污染或不超过污染的规定之外，还要有利于溶解茶叶中有益成分。

茶叶本身含有许多能够溶解于水的有机物，如茶多酚、咖啡碱、蛋白质、氨基酸、果胶质糖类、色素、维生素和芳香物质等。它们是构成茶叶香味的主要成分。

泡茶时，茶叶中的这些物质有多少能够溶解于水中，取决于泡茶所用水中所含的多种成分与茶中所含有机物质相融合产生的化学反应。

由此可见，沏茶用的水中含有的利于溶解茶叶中有机物质的成分的多少是决定泡茶效果的关键。

8. 卫生饮用水的水质标准

卫生饮用水的水质标准，主要包括以下 4 项指标：

（1）感官指标。水的色度不超过 15 度，并不得有其他异色；混浊度不得超过 5 度；不得有异味；不得含有肉眼可见异物。

（2）化学指标。水的 pH 值为 6.5～8.5，总硬度不得高于 25 度，氧化钙不得超过 250 mg/L，铁离子不超过 0.3 mg/L，锰离子不超过 0.1 mg/L，铜离子不超过1.0 mg/L，锌离子不超过 1.0 mg/L，挥发酚类不超过 0.002 mg/L，阴离子合成洗涤剂不超过 0.3 mg/L。

（3）毒理学指标。水中氟化物不超过 1.0 mg/L，适宜浓度为 0.5～1.0 mg/L，氰化物不得超过 0.05 mg/L，砷离子不超过 0.04 mg/L，镉离子不超过 0.01 mg/L，铬（六价）不超过 0.5 mg/L，铅不超过 0.1 mg/L。

（4）细菌指标。细菌总数在 1 mL 水中不得超过 100 个，大肠杆菌在 1 L 水中不超过 3 个。

9. 关于泡茶用水的温度知识

古人对泡茶用水的水温十分讲究。他们认为烧泡茶用水，要大火急沸，不要文火慢煮，以刚煮沸起泡为宜。用这样的水泡茶，茶汤色泽、香味皆佳。水若沸腾过久，古人称其“水老”。水沸腾过久，溶于水中的二氧化碳已挥发殆尽，使所泡之茶的鲜爽味大为逊色。未滚沸的水，古人称为“水嫩”，也不适宜泡茶，因其水温低，茶中有效成分则不易泡出，而使香味低淡，若茶叶浮于水面，还不便饮用。

(1) 冲泡细嫩名优茶时，一般不用刚烧开的沸水，而是用在热水瓶中已储存了 3～4 h的开水。因为用 100℃的沸水泡茶会使茶叶中高含量的维生素 C 等对人体有益的营养成分遭到破坏，还会使名茶的清香和鲜爽味降低，叶底泛黄，这样名茶也就名不副实了。

用温度降到 70～80℃的开水冲泡高级细嫩茶，较为适宜。用这样的水冲茶可使茶汤清澈明亮，香气纯而不钝，滋味鲜而不熟，叶底明而不暗，饮之可口，视之动情，使品茗者获得精神和物质上的享受。

(2) 采制时要求原料粗嫩适中的普通红茶、花茶和绿茶，可用滚沸不久的 90℃左右的开水冲泡。

(3) 采用新梢快要成熟时的茶叶加工而成的普洱茶和沱茶，因每次用茶量较多，即使采用 95℃的沸水直接冲泡，温度仍然不够，必须用 100℃的滚沸开水冲泡。

冲泡乌龙茶时，为了保持和提高水温，在冲泡前要用开水烫热茶具，将茶具烫热后再泡茶。冲泡后还要在壶外淋开水。

(4) 粗老原料加工而成的砖茶，将其打碎以后即使用 100℃的沸水进行冲泡，也很难将茶味浸泡出来。所以，喝砖茶时，须先将打碎的砖茶放入容器中，加入一定数量的水，进行煎煮后，方能饮用。

考核范围 6——茶艺茶具配备基本知识

1. 选择茶具的知识

根据不同茶叶的特点，选择不同质地的茶具，使其相得益彰。

(1) 茶具质地主要指茶具密度。密度高的茶具，其气孔率低、吸水率小，适用于冲清淡风格的茶。如用高密度瓷器或银器冲泡各种绿茶、花茶、红茶及白毫乌龙茶时，其茶香不易被吸收，茶汤显得特别清冽。透明玻璃杯亦用于冲泡名绿茶，便于观其形、察其色。

像铁观音、水仙、普洱茶等香气低沉的茶叶，则常用低密度的陶器主要是紫砂壶冲泡。低密度陶器的气孔率高、吸水量大，用其将茶泡好后，持其盖即可闻到茶的香气，这种茶香尤显醇厚。

在冲泡乌龙茶时，还可同时使用闻香杯和啜茗杯。这闻香杯的质地要致密，在将茶汤由闻香杯倒入啜茗杯后，闻香杯中残余的茶香才不易被吸收，这时用手捂住闻香杯，杯底的茶香味在手温的作用下很快就散发出来，让品茗者闻到茶香。

（2）茶具质地与施釉有关。如质地较为疏松的陶器，若在其内壁施以白釉，就等于让它穿了一件保护衣，使其气孔封闭，成为类似密度高的瓷器茶具，同样可用其冲泡清淡的茶类。因为施了釉的陶器的吸水率变小了，气孔内不会残留茶汤和香气。不施釉的陶器，气孔内会吸附着茶汤与香气，日久冲泡同一种茶就会形成茶垢，若再用于冲泡其他茶类，不免串味，若专用其冲泡一种茶，会使这种茶的香气越来越浓郁。

（3）瓷茶具保温、传热适中，能较好地保持茶叶的色、香、味、形，而且洁白卫生，又因其密度高而不污染茶汤。如果在瓷茶具上加上图文装饰，又会使其具有艺术欣赏价值。

（4）搪瓷茶具具有坚固耐用、携带方便等优点，所以在车间、工地、田间，甚至出差旅行，常用它来饮水，但它易灼手烫口，并不适宜用它泡茶待客。

（5）金玉茶具、脱胎漆茶具、竹编茶具或因价格昂贵，或因艺术价值高，或因做工精细，平日很少用来泡茶，往往作为一种珍品供人收藏或者作为一种礼品馈赠亲友。

2. 茶具与茶叶的配合

茶艺表演时，在器物配放与表演台布置上，要注意茶具与茶叶的选配、茶具的摆放和茶艺表演台的布置等问题。在茶具与茶叶相匹配的问题上，主要是注意茶具与茶汤色泽是否搭配以及二者的风格是否协调。

茶具的色泽是指茶具原材料的颜色及其装饰图案花纹的颜色，通常可分为冷色调与暖色调两类。冷色调包括蓝、绿、青、白、灰、黑等色；暖色调包括黄、橙、红、棕等色。同时用几种颜色装饰的茶具，可以按主色划分归类。茶具色泽的选择是指对其外观颜色的选择，选择的原则是要与茶叶相配，茶具内壁以白色为好，白色能真实反映茶汤色泽与明亮度，并应注意主茶具中壶、盅、杯的色彩搭配，以主茶具的色泽为基准，再辅以船、托、盖，使其浑然一体，天衣无缝。各种茶类适宜选配的茶具色泽如下：

（1）绿茶类茶具。

◆ 名优茶茶具。宜选用透明无花纹、无色彩、无盖玻璃杯或白瓷、青瓷、青花瓷无盖杯。

◆ 大宗茶茶具。单人用具，夏秋季可用无盖、有花纹或冷色调的玻璃杯；春冬季可用青瓷、青花瓷等冷色调的瓷盖杯；多人用具，宜用青瓷、青花瓷、白瓷等冷色调的壶、杯具。

◆ 花茶茶具。适选用青瓷、青花瓷、斗彩、五彩等花色图案的盖碗、盖杯、壶、杯具。

◆ 普洱茶茶具。适选用紫砂壶、杯具。

（2）黄茶类茶具。适选用奶白茶、黄釉颜色瓷和以黄、橙为主色的五彩壶杯具、盖碗和盖杯。

（3）红茶类茶具。

◆ 条红茶茶具。宜选用紫砂（杯内壁上白釉）、白瓷、白底红花瓷、各种红釉瓷的壶杯具、盖杯和盖碗。

◆ 红碎茶茶具。宜选用紫砂（杯内壁上白釉）以及白、黄底色描橙、红和各种暖色瓷的咖啡壶具。

（4）白茶类茶具。宜选用白瓷或黄泥炻器壶杯，或用反差极大且内壁有色的黑瓷，以衬托出白毫。

（5）乌龙茶类茶具。

◆ 轻发酵及重发酵类乌龙茶宜选用白瓷及白底花瓷壶杯具或盖碗、盖杯。

◆ 半发酵及轻、重焙火类乌龙茶宜选用朱泥或灰褐系列炻器壶杯具。

◆ 半发酵及重焙火类乌龙茶宜选用紫砂壶杯具。

考核范围7——茶艺表演场所布置知识

1. 茶室中的插花

茶室插花称为“茶室之花”或“茶会之花”。将花融入品茗环境之中源起宋代，那时焚香、挂画、插花、点茶被合称为“生活四艺”。茶室插花一般采用自由型插花，花器可选择用碗、盘、缸、筒、篮等。所选花器小而精巧、纯朴，既可衬托品茗环境，又可借以表达主人心情；亦可寓意季节，突出茶会主题。

用于品茗欣赏所插的花称为“茶花”。茶花是比斋花和室花更加精简的一种文人赏花形式，以教人崇幽尚静、清心寡欲、体会天地之道为旨趣。茶花重视的是品味，珍视的是天地慧黠之气所凝成的形色之美，以寓意于物而不留意于物的道理，创造无可名之形而体味内在的精神。

茶花的艺术品质是“清”“远”，追求恬适简约、超凡脱俗的纯真之意境。因此，为品茗赏花所插的“茶花”，平凡、简单，它以晶莹而完整的形色来触发品茗者对美的意识，进而体验自由心灵所呈现的无束无缚的变化，获得联想所得的美的满足。

茶花制作的手法以单纯、简约和朴实为主，要使所插的花草看上去活跃于花器之上，并使花、器融为一体，以达到应情适意、诚挚感人的目的。四片叶子不称四叶而称三叶半，使其中一片见其背面，表阴叶之美。所插茶花若阴阳兼具、阴阳互生，就达到了最佳状态。

茶花插座常配有台座、衬板、花几、配件。花器无足者应配以台座；带足者，不需台座而直接使用衬板（垫板）。所配衬板、台座以自然、高雅者为佳。配好衬板后的茶花即可移入摆设位置，摆设位置应在主人的右后方并相距约一臂长为宜。茶花属于静态观赏品，形体宜小，花木形色表现手法以精简雅洁为主，花枝利落不繁，一花一叶不为少，花取素白或半开而富神态者；枝叶以单数为好，令人有余味之感，遇双则令一叶见背，俗称“半叶”，以迎合单数的原则。摆设的位置应较低，以便于坐赏。由于作品小巧，能够使观赏者聚精会神，沉静思绪，透过小中见大的奥妙，显现大自然的风采。

品茶赏花是茶艺的一部分，茶花的插作在于配合幽室、追求茶趣，因此必须要与整个品茗环境相适宜。

2. 品茗焚香

（1）有关香的知识

◆香品的种类。中国人焚香的历史由来已久，早在战国时代就已开始，到了汉代已有焚香专用的炉具。香品依散发香气的方式来说，可分为燃烧、熏炙和自然散发三种。燃烧的香品有以香草、沉香木做成的香丸、线香、盘香、环香和香粉；熏炙的香品有龙脑等树脂性香品；自然散发的香品有香油、香花等。

◆香品原料的种类。香品原料有很多，划分为植物性、动物性和合成性三种。植物性的香料，如茅香草、龙脑、沉香木、降真香等；动物性的香料，如龙涎香、麝香等；合成性的香料，是通过化合反应生成的香料。这些香料制成的香品可依散发香气的方式不同而呈现各种形状，如香木槐、香丸、线香、香粉等。

◆香品的形状。在三大香品的形状中，线香和香粉的形状较多。线香可分为横式线香、直式线香、盘香和香环。直式线香又可分为带竹签的和不带竹签的，不带竹签的线香连成一排又称排香；直式线香又称为柱香。香粉以散状撒在炙热的炭上散发出香气和香烟；也可以将香粉印成一定的形状再点燃，这叫做“香篆”。

（2）品茗焚香香品、香具的选择。焚香就是通过燃烧香品散发出香气，但在品茗焚香时所用的香品、香具应有所选择。

◆根据茶叶选择香品。浓香的茶需要焚香气较重的香品；幽香的茶，焚香气较淡的香品。

◆根据时空选择香品。春天、冬天焚香气较重的香品；夏秋焚香气较淡的香品。空间大焚香气较重的香品；空间小焚香气较淡的香品。

◆选择香具。焚香必须有香具，而品茗焚香的香具以香炉为最佳选择。

◆注重焚香效果。焚香时，香品除了会散发香气，还会散发香烟，不同的香品会产生不同的香烟，置身于袅袅的烟香和香烟所带来的气氛之中也是一种幽思和美的享受。

◆注意品茗环境的整体谐调。在布置茶艺表演的整体环境时，要注意挂画、插花、焚香彼此之间的搭配，尤其要注意插花和焚香之间的谐调。香品的香气燥烈会损花的生机。因此，花下不可焚香。焚香时，香案要高于花，插花和焚香要尽可能保持较远的距离。

3. 茶室中的茶挂

陆羽曾要求把《茶经》的内容分别写在绢布上，挂在座位旁边，这样，在品茗时，有挂图，那么对于茶的知识就更加清楚明白了。由此演变发展到宋代，茶挂就不是单一的挂图了，有挂画的，也有挂字的卷轴。明代以后的茶挂是以书法字轴为多，选挂字轴时往往需考虑到季节、时间、所品的茶类和参加茶会的人，以及举办茶会的性质等因素。因为有插花，一般茶挂就不挂花轴了。若挂画，则以写意的水墨画为时尚；如果是工笔或写实之画作，则求其赋色高古、笔墨脱俗者。所选的茶挂其设色不宜过分艳丽，以免粗俗或喧宾夺主。若将茶挂裱装以轴装为上，屏装次之，框装又次之。

茶挂以挂单幅为时尚，其悬挂位置以茶室正位为原则。

考核范围 8——茶艺表演基本知识

1. 茶艺演示与相关艺术品

自陆羽在《茶经》中系统地规范了采茶、制茶、煮茶、饮茶的程序与必要条件以来，饮茶已形成一套系统。因此品茗环境中的事物是有系统的，仅仅为解渴而饮茶，只是茶的最基本功用。为品茗而行茶会，不论是表演茶艺或生活茶艺都有系统。阅画、赏花、焚香与品茗是茶艺的一套系统。挂画、插花、焚香、点茶是一个整体，四者的共同出现才构成了茶艺的完整内容。“挂画”在陆羽的《茶经》中已经是重要的事物了，《茶经》挂画较正式地和茶相结合应在唐朝，至于焚香的起源更早，是在秦汉时代，而挂画、插花、焚香、品茗四者整合一起出现，应该是唐朝以后的事了，宋代渐趋完善，明代是系统形成的时期。

上述四艺品赏是茶艺的完整呈现，品茶重味觉之美，挂画重视觉之美，插花重视觉、触觉之美，焚香重嗅觉之美，这四艺在茶艺中较少单独表现。四艺合一，才能相得益彰、尽善尽美。四艺是生活的艺术，也是提高风雅和情绪的人生哲学。

2. 茶艺表演的音乐

琴、棋、书、画作为我国古代士大夫的修身课。其中，琴摆在第一位。“琴”代表着音乐，儒家认为学习音乐可培养自己的情操，提高自身的素养，使自己的生命过程更加快乐美好，所以音乐是读书人的必修课。在我国，历史上的精英人物几乎无一不精通音律、深谙琴艺，如孔子、庄子、宋玉、司马相如、诸葛亮、王维、白居易、苏东坡等著名的政治家、思想家、文学家都对琴有很高的造诣。荀子在《乐记》中说：“德者，性之端也；乐者，德之华也。”把“乐”上升到了“德之华”的高度，足见音乐在古代君子修身养性过程中的作用。

在茶艺表演过程中之所以重视用音乐来营造意境，这是因为音乐，特别是我国古典名曲有重情味、重自娱、重生命的享受的特点。目前，背景音乐在宾馆、餐厅等休闲娱乐场所里被广泛使用，但所播放的曲目多是兴之所至，随意性很大。而中国茶道要求在茶艺过程中所播放的音乐应是为了促进人的自然精神的再发现、人文精神的再创造而精心挑选的乐曲。品茗场所宜选播以下三类音乐：

（1）我国古典名曲。我国古典名曲多为幽婉深邃，韵味悠长，不乏荡气回肠、销魂摄魄之美。由于不同乐曲所反映的意境各不相同，茶艺馆应根据季节、天气、时辰、宾客身份以及茶事活动的主题，有针对性地选择播放。例如，表现月下美景的有《春江花月夜》《月儿高》《霓裳曲》《彩云追月》《平湖秋月》等；再现山水之音的有《流水》《汇流》《潇湘水云》《幽谷清风》等；抒发思念之情的有《塞上曲》《阳关三叠》《情乡行》《远方的思念》等；拟禽鸟之声态的有《海青拿天鹅》《平沙落雁》《空山鸟语》《鹧鸪飞》等。只有熟悉古典乐曲的意境，才能让所选背景音乐成为牵动茶人回归自然、追寻自我的媒介，才能通过音乐促进品茗者的心找到自我，回归自然。

（2）近代作曲家为品茶而谱写的乐曲。这类音乐有《闲情听茶》《香飘水云间》《桂花龙井》《清香满山月》《乌龙八仙》《听壶》《一筐茶叶一筐歌》《奉茶》《幽兰》和《竹乐奏》等。听这些乐曲可使茶人的心绪徜徉于茶的无限世界中，让心灵随着茶香翱翔到茶馆之外更美、更雅、更温馨的意境中去。

（3）精心录制的自然之声。可以将山泉飞瀑、小溪流水、雨打芭蕉、风吹竹林、秋虫鸣唱、百鸟啁啾、松涛海浪等自然之声精心录制成极美的音乐，我们称之为“天籁”，或称之为“大自然的箫声”。

以上三类音乐超出了一般通俗音乐所具有的娱乐价值，它们会把自然美渗透进品茗者的灵魂，会引发品茗者心中那份潜藏着的对美的畅想，为品茗者品茶创造一个如沐春风的美好意境。

3. 茶艺表演的服饰

茶艺表演者的服饰反映出着装人的性格与审美趣味，并会影响茶艺表演的效果。茶艺表演者的服饰首先应与所要表演的茶艺内容相融合，其次考虑的才是其式样、做工、质地和色泽。宫廷茶艺有宫廷茶艺的要求，民俗茶艺有民俗茶艺的格调。就一般的茶艺而言，茶艺表演者宜穿着具有民族特色的服装，而不宜盲从地“西化”。

在正式的表演场合，茶艺表演者不可戴手表，不宜佩戴过多的装饰品，不可涂抹有香味的化妆品，不可浓妆艳抹，不可涂有色指甲油。如果可能，女性茶艺表演者可以戴一个玉手镯，倒能平添不少风韵。

茶艺表演者的仪容、仪表也非常重要。头发长者应将长发梳好束到后面，不要让头发垂下来；男士着西装时，领带要打好别实；若是在需要脱鞋子的场所进行表演最好事先准备一双干净的袜子。总之，各个细节都要考虑周到。

做茶艺表演的准备工作时，茶艺表演者的发型设计必须结合茶艺的内容，服装的款式，表演者的年龄、身材、脸型、头型、发质等因素进行选择，以取得整体和谐美的效果。

考核范围 9——艺术品茗知识

1. 茶汤的品饮方法

按照规范的泡茶程序，最终得到一杯香茗，但要想真正享受其中的真香灵味，则还要讲究正确的品饮方法。恰当的品茗方式不仅可以满足人们生理上的需要，更可以获得精神上的满足。通过细细品啜，徐徐体味，从茶汤那美妙的色、香、味、形中得到审美的愉悦，引发联想，进而从不同角度抒发自己的情感。比如，唐代诗人皎然在《饮茶歌》中就描写了他在品茶时的感受：“一饮涤昏寐，情思爽朗满天地。再饮清我神，忽如飞雨洒轻尘。三饮便得道，何须苦心破烦恼。”；卢仝在《走笔谢孟谏议寄新茶》中也描写了喝七碗茶时的不同感受。当然，我们品茗未必都能达到他们那种境界，但只要注重品饮艺术，不断提高对茶汤的鉴赏能力，是可以从品茗中获得真趣的。

那么，一杯茶汤在手，应该如何欣赏呢？通常可以从以下三个方面去欣赏：一是观其色，二是闻其香，三是品其味。但须注意的是不同的茶类在欣赏的方法上还各有不同。

2. 绿茶的品饮

品饮名优绿茶的方法：冲泡前，先可欣赏干茶的形、色、香。名优绿茶的外形，因品种而异，或条状，或扁平，或螺旋形，或若针状不等；其色泽，或碧绿，或深绿，或黄绿，或白里透绿；其香气，或奶油香，或板栗香，或清香。

冲泡时，若用透明玻璃杯，则可观察到茶在水中缓慢舒展、游弋沉浮。这种富于变幻的动态，茶人称其为“茶舞”。

冲泡后，端杯闻香时，可见汤面冉冉上升的雾气中夹杂着缕缕茶香，犹如云蒸霞蔚，使人心旷神怡。接下来观察茶汤，其颜色或黄绿碧清，或淡绿微黄，或乳白微绿。若隔杯对着阳光透视茶汤，见到有微细茸毫在水中游弋，闪闪发光，此乃是细嫩名优绿茶的一大特色。而后开始品茶，端杯小口品啜，品尝茶汤滋味，缓慢吞咽，让茶汤与舌头上的味蕾充分接触，则可体味到名优绿茶的风范；若舌和鼻并用，还可从茶汤中品出嫩茶之香气，有沁人心脾之感。

品尝头开茶，重在品尝名优绿茶的鲜味和茶香；品尝二开茶，重在品尝名优绿茶的回味和甘醇；至于三开茶，由于茶叶已淡，则顺其自然，无更多要求，能尝到茶味就算可以了。

3. 红茶的品饮

红茶不仅色泽黑褐油润，香气浓郁带甜，滋味浓厚，汤色红艳透黄，叶底嫩匀红亮；而且性情温和，能和多种调味品相互融合，相映生辉。因此，红茶的饮用，既可采用清饮，也可采用调饮。

（1）清饮红茶的品饮。清饮红茶重在领略它的香气和滋味。端杯开饮前，要先闻其香，再观其色，然后才是尝其味。红茶那圆熟清高的香气，红艳油润的汤色，浓强鲜爽的滋味，会让人有美不胜收之感。若真能有这种精神享受，还需要品饮者“品”的工夫：缓缓斟饮，细细品啜，徐徐体味，超然自得。这样才能“吃”出茶的真味来，真正享受到清饮红茶的奥妙。

（2）调味红茶的品饮。调饮红茶时，即使在茶汤中加入多种其他调料，茶汤依然十分顺口。尤其是一些名优红茶，其香气和滋味是不会轻易被混淆的。因此，品饮调味红茶时，先应闻其香，至于对味的要求，则须看加什么调料，不能概而论之。

4. 乌龙茶的品饮

品饮乌龙茶时，一般用右手拇指和食指捏住品杯口沿，中指托住茶杯底部，此所谓“三龙护鼎”，这时手心朝内，手背向外，缓缓提起茶杯，先观汤色，再闻茶香，后品其味，然后三口将其饮尽。饮毕，再闻杯底余香。如此，“三口方知其味，三番才能动心”。

品饮乌龙茶强调热饮，最好用小壶高温冲泡，品杯要小如胡桃。每壶泡好的茶汤，刚好够在场茶友一人一杯，要继续品饮，则再冲泡再品饮。这样，每一杯茶汤在品饮时都滚热烫口。如此品饮的乌龙茶因杯小、香浓、汤热，故饮后杯中仍有余香。这种余香比汤面香更深沉、更浓烈。“嗅杯底”的“香韵”是如此形成的。

品饮台湾乌龙茶的方法略有不同。将泡好的茶汤首先倒入闻香杯，品饮时，要先将闻香杯中的茶汤旋转倒入品茗杯，嗅闻香杯中的热香，再以“三龙护鼎”的方式端起品茗杯观色，接着即可小口啜饮，三口将其饮毕，再持闻香杯寻杯底冷香。杯底的留香越久，则表明这种乌龙茶的品质越佳。

品饮乌龙茶时，也很讲究舌品，即在啜入一口茶水后，用口吸气，让茶汤在舌的两端来回滚动而发生声音，让舌面上的味蕾充分感受茶汤的滋味，而后再徐徐咽下，慢慢体味齿颊留香的感觉。

5. 白茶的品饮

白茶的品饮方法较为独特，这是因为白茶在加工时未经揉捻，茶汁不易浸出，所需冲泡时间较长。冲泡开始时，芽叶都浮于水面，大约 5～6 min 后，茶芽开始逐渐沉落杯底，此时茶芽条条挺立，上下交错，犹如雨后春笋，甚是好看。大约 10 min 后，茶汤呈橙黄色。这时，再端杯赏其形、闻其香、尝其味。如此品茗白茶，尘俗尽去，意趣盎然。

6. 黄茶的品饮

黄茶的品饮以君山银针的品饮最具代表性。由于君山银针由单芽制作，可以说君山银针是一种以赏景为主的特种茶。在品饮该茶的过程中突出对杯中茶芽的欣赏。

刚冲泡的君山银针横卧于水面之上。当盖上玻璃盖后，茶芽吸水开始陆续下沉，芽尖产生气泡，犹如雀舌含珠。继而茶芽个个直立杯中，似春笋出土，如刀枪林立。沉入杯底的直立茶芽，少数在芽尖气泡浮力的作用下再次浮升。如此上下沉浮，使人不由得联想到此景犹如人生，总要经历几起几落。打开玻璃杯盖片，会看见一缕白雾从杯中冉冉升起，缓缓消失，此时端起茶杯，顿觉清香袭鼻。闻香之后，自然就是品茶尝味了。君山银针的茶汤口感醇和、鲜爽、甘甜，别有一番滋味。

7. 黑茶的品饮

黑茶的品饮重在寻香探色。为了更好地观赏茶汤，一般选用白瓷或透明玻璃杯。品饮的方法是先观汤色，尔后闻香，最后好好地品啜。如果是陈年的普洱茶，则应在品饮的过程中细细体味经长期储存而形成的“陈香”。内香潜发、味醇甘滑是陈年普洱茶特殊的品质。

8. 花茶的品饮

花茶既保持了原有茶叶的味，又吸收了茶的香，二者相互交融，有“引花香，益茶味”之说。花茶的品饮重在寻味探香。

冲泡花茶，一般选用盖碗。冲泡前，可欣赏花茶的外观形状，闻干茶的香气。冲泡3 min后，左手端杯，右手拇指和中指捏住盖钮，食指抵住钮面，向内翻转碗盖，闻盖上茶香。尔后赏茶汤，看茶叶在水中飘舞、沉浮。最后用碗盖轻轻将汤面的浮叶拨开，并将碗盖斜盖于碗口，举杯至口边，从碗盖与碗沿的缝隙中啜饮。品饮时，让茶汤在口中稍作停留，以用口吸气与用鼻呼气相结合的方式，使茶汤在舌面上来回往返流动，充分与味蕾接触，如此一两次，再徐徐将口中茶汤咽下，即会感受到齿颊留香，精神愉悦。

一饮后，应在茶碗中留下1/3的茶汤，续水两次，可以根据情况再续水三次。高档的花茶即使在冲七八次水后仍有余香。

需要说明的是，除了极品花茶有必要欣赏茶形外，品饮一般花茶只要着重闻香和品香就可以了。因花茶在窨花过程中，茶坯在吸香的同时，也吸收了一定数量的水分，这会使茶汤颜色发生一定的变化，所以，品饮花茶一般不对花茶茶汤的色泽有过高的要求。

考核范围10——了解中国各地名茶、名泉

1. 中国主要名茶

名茶是指具有一定知名度的好茶，这样的茶通常具有独特的外形，优异的色、香、味品质。名山出名茶；名树生名茶；名师评名茶。很多名茶就是这样逐渐产生和发展起来的。长久不衰的所谓名茶，既要有独特的品质，又要得到广大消费者的公认。我国历代名茶曾达数百种，有些名茶不过是在某一历史阶段中知名而已。真正得以延续和发展且具有一定生产数量和市场份额的品种，至今不过40余种。目前，国内消费者公认的知名度较高的名茶是在经历了唐宋元明清五个朝代、近千年的发展且不断地完善后保留下来的。

如，绿茶类的西湖龙井、洞庭碧螺春、信阳毛尖、皖南屯绿、太平猴魁、黄山毛峰；红茶类的滇红、祁门红茶；青茶（乌龙茶）类的安溪铁观音；黄茶类的君山银针；黑茶类的云南普洱茶等。还有：绿茶类庐山云雾、六安瓜片和闽北乌龙茶、武夷岩茶，白茶类的政和白毫银针、白牡丹等名茶。

这些名茶有如下特点：一是造型独特；二是深受消费者的青睐与赞赏；三是采制加工的技术精湛，多为手工制作；四是茶树生长有优越的自然条件，产区有一定范围；五是采摘有固定时间，例如，云南一般在2月份，福建在2月底，浙江在3月下旬左右。

20世纪80年代以后，我国各地陆续开发研制了不少新的名优茶，如绿茶类的无锡毫茶、高桥银峰、南京雨花茶、福鼎白毫银针、云南沱茶。目前，我国已有17种无公害名茶，全国各地名茶开发总数达500多种，其产量占全国茶叶总产量的5%（3万多吨），产值达8亿多元，占全国茶叶总产值的20%。

（1）西湖龙井。西湖龙井茶是我国第一名茶，素享“色绿、香郁、味醇、形美”之美誉。它集中产于杭州西湖山区的狮峰山、梅家坞、翁家山、去栖、虎跑、灵隐等地。那里森林茂密，翠竹婆娑，气候温和，雨量充沛，沙质土壤深厚，一片片茶园就处在这云雾缭

绕、浓荫笼罩之中。

浙江省的地方标准 DB 33/162—1992《西湖龙井》中表明：西湖龙井分“狮、梅、龙”三类，每类中依品质高低又分特级、上级、1～6 级。3 级以上的龙井茶外形应有锋苗，无阔条；1 级以上的，外形应挺直尖削、叶底细嫩、多芽或显芽。特级西湖龙井外形应扁平光滑，叶底幼嫩成朵。“狮峰龙井”香气高锐而持久，滋味鲜醇，色泽略黄，有如“糙米色”。“梅坞龙井”外形挺秀，扁平光滑，色泽翠绿。据传当年乾隆皇帝下江南时，曾到龙井狮峰山下的胡公庙内品饮龙井茶，饮后对其赞不绝口，兴之所至，将庙前 18 棵茶树封为“御茶”。如今，这些“御茶”树仍生机盎然，茂密挺拔，供游人观赏。在 1985 年，“狮峰龙井茶”获国家优质产品金质奖。1986 年 5 月，“西湖龙井”被国家商业部评为全国名茶。

西湖龙井的采制技术相当考究，总的来说，有三大特点：一是早，二是嫩，三是勤。清明前采制的龙井茶品质最佳，称明前茶；谷雨前采制的品质尚好，称雨前茶。特别强调采摘下的茶叶要细嫩和完整，必须一芽一叶，芽叶全长约 1.5 cm。通常制造 1 kg 特级西湖龙井茶，需要采摘 7～8 万个细嫩芽叶，将经过挑选后的芽叶，放入温度在 80～100℃、光滑的特制锅中进行翻炒，经过“抓、抖、搭、捺、甩、堆、扣、压、磨”炒制出色泽翠绿、外形扁平光滑、形如“碗钉”、汤色碧绿、滋味甘醇鲜爽的高品质西湖龙井茶。

品尝高级龙井茶时，多用无色透明的玻璃杯，用 85℃左右的开水冲泡，1 min 后揭开茶杯盖，以免产生焖熟味。冲泡后的叶芽形如一旗一枪，簇立杯中，只见芽叶直立，上下沉浮，交错相映，栩栩如生，宛如青兰初绽，竹翠色艳。

（2）洞庭碧螺春。碧螺春是绿茶中的上品，正如古诗所赞：“洞庭碧螺春，茶香百里醉。”它主要产于苏州西南的太湖之滨，以江苏吴县洞庭东、西山所产为最，已有 300 余年历史。它以条索纤细、卷曲成螺、茸毛披露、白毫隐翠、清香幽雅、浓郁甘醇、鲜爽甜润、回味绵长的独特品质而誉满中外。据《太湖备考》记载，在 1 300 年前，洞庭碧螺峰石壁间，有茶树数株，当地人常饮用这些茶树上的茶叶。有一天采茶姑娘把茶叶兜入怀中带回，茶叶因沾了热气，而透出阵阵浓香，人们闻到了便惊呼“吓煞人香”，于是“吓煞人香”便成了这茶的名字。清康熙帝南巡时经过太湖，抚臣宋荦将此茶进献，康熙以其名不雅，遂将其名改为“碧螺春”。从此，“碧螺春”被列为朝廷贡品。

碧螺春之所以能有如此雅名，也与它的产地和采制工艺分不开。苏州太湖洞庭山，分东、西两座，洞庭东山宛如一只巨舟伸进太湖，洞庭西山是一个屹立于湖中的岛屿。两山风景优美，气候温和湿润，土壤肥沃。茶树间种在此地的枇杷、杨梅、柑橘等果树之中，茶叶既具有茶的特色，又具有花果的天然香味。

碧螺春的采制工艺要求极严，采摘时间从清明开始，到谷雨结束。所采之芽叶须是一芽一叶初展，芽长 1.6～2.0 cm。若制 1 kg 干茶，需要这样的芽叶 12 万多个。采摘的芽叶经过一番精细的拣选，使其达到长短一致、大小均匀，除去杂质，然后投入烧至 150℃的热锅中，凭两手不停地翻抖上抛（杀青），直至锅中噼啪有声；接着降温热揉，使其条索紧密，卷曲成形，并搓团显毫，使其干燥，这样才制成条索纤细、卷曲成螺的茶叶。1982 年 6 月，苏州洞庭碧螺春被全国名茶评比会评为全国名茶。1986 年 5 月，吴县碧螺春被评为全国名茶。碧螺春分为1～7级，芽叶随等级的递增而逐渐增大，茸毛逐渐减少。

冲泡碧螺春茶时，先往杯中倒放开水，再放入茶叶，或用70～80℃开水冲泡。当披毫青翠的碧螺春一经投入水中，白色霜毫立即溶失，随后茶叶纷纷下沉，并由曲而伸展，仿佛绽苞吐翠，春染叶绿。稍候，杯底显现一层碧清茶色，其上层却仍是白水，淡而无味。如果将那水倒去一半，再补入开水，芽叶全部舒展，全杯汤色似碧玉，闻之清香扑鼻，饮之舌根含香，使人神清气爽回味无穷。

(3) 信阳毛尖。信阳毛尖产于河南省大别山区的信阳县，距今已有2 000多年的历史。茶园主要分布在车云山、集云山、云雾山、震雷山、黑龙潭等群山的峡谷之间。茶园所在地区地势高峻，群峦叠嶂，溪流纵横，云雾弥漫，景色绮丽。还有豫南第一泉“黑龙潭”和“白龙潭”，正是这样独特地形和气候，以及缕缕云雾，为信阳毛尖独特的品质提供了天然条件，滋生孕育了肥壮柔嫩的茶芽。

信阳毛尖一般自4月中旬开采，一芽一叶或一芽二叶初展的可制成特级和1级毛尖；一芽二三叶的可制成2～3级毛尖。采摘好的鲜叶经适当摊放后进行炒制。先生炒，经杀青、揉捻，再熟炒，使茶叶达到外形细、圆紧、直、光、多白毫；内质清香，汤绿味浓。

信阳毛尖曾荣获1915年万国博览会名茶优质奖，1959年被列为我国十大名茶之一，1982年被评为国家商业部优质产品。信阳毛尖不仅在国内20多个省区有广泛的市场，而且还远销日本、德国、美国、新加坡、马来西亚等十余个国家，深得中外茶友称道。

(4) 皖南屯绿。徽州第一山城屯溪，古称昱城，为皖南的繁华重镇。皖南山区所产绿茶大都在此加工和交易，人们称这些绿茶为青绿茶，简称“屯绿”。其中尤以休宁、歙县的“屯绿”出名，属优质炒青眉茶。“屯绿”依其品种和品质不同，分为特1级、特2级、1～4级等不同级品。

屯绿采制精细，鲜叶多为一芽二叶或三叶的嫩梢，除揉捻工序外，全部在锅中炒制而成。屯绿外形匀整，条索紧结，色泽灰绿光润，香高馥郁，味浓醇和，汤色清澈明亮，在我国炒青绿茶中出类拔萃，是主要的出口绿茶。

屯绿中色、香、味、形具臻上乘的极品特珍特级，其外形条索紧细秀长，芽峰显露，稍弯如眉，色泽绿润起霜，香气鲜嫩馥郁，带熟板栗香，滋味鲜浓爽口，汤色黄绿明亮，叶底肥嫩匀亮。但其产量只占屯绿的0.5%，极其珍贵。品尝后有“入口浓醇，过喉鲜爽，口留余香，回味甘甜”之感。

屯绿花色品种的变化很大。由1895年以前的24种花色演变到1930年的5种花色，20世纪30年代至建国初，盛行的9种花色分别为抽珍、珍眉、特贡、贡熙、特针、针眉、凤眉、是目和峨眉，新中国成立后，屯绿的花色品种曾两度简化统一。时至今日，生产着特珍、珍眉、雨茶、特贡、贡熙、针眉、秀眉和绿片8个花色、18个不同级别的外销绿茶。

由于屯绿品质优异，新中国成立后曾多次在国内外的评比中获奖。1979年，特珍一级、珍眉三级和特珍三级被评为商业部优质产品；1981年，特珍一级获国家银质奖；1985年，特珍特级、特珍一级和珍眉一级获国家银质奖，同年上述三个品种和贡熙一级被评为商业部优秀产品；1988年，特珍特级、特珍一级获雅典第27届世界食品博览会金质奖；1989 年，特珍一级获商业部优质产品奖；1990 年，特珍特级、特珍一级被评为国优产品，并分列出口茶类第一名和第二名。

（5）太平猴魁。太平猴魁外形两叶抱一芽，平扁挺直，不散、不翘、不曲；全身披白毫，含而不露；叶面的色泽苍绿匀润，叶背浅绿，叶脉绿中藏红。入杯冲泡，芽叶成朵，不沉不浮，悬在明澈嫩绿的茶汤之中，似乎有好些小猴子在杯中伸头缩尾堪称“刀枪云集”“龙飞凤舞”。猴魁茶汤清绿明亮，滋味鲜醇回甜。20 世纪 60 年代初，越南的胡志明同志到徽州避暑，临走时曾特意带回去一包太平猴魁。

猴魁始产于 1900 年间，当初因茶农精植巧制，将其塑造成独有的形状，在国内获得优等奖；1915 年，在巴拿马万国博览会上获一等金质奖章和奖状；20 世纪 30 年代，曾远涉南美洲，进入玻利维亚等国进行展销；1979 年，猴魁在我国出口商品交易会上展出，博得五大洲客商的好评，被评为全国名茶。

猴魁产于我国著名风景区黄山的北麓，太平县新明乡三合村猴坑、猴岗、颜村等地。茶园大多坐落在海拔 500～700 m 以上的山岭上，主要分布在凤凰尖、狮形山和鸡公尖一带。由于三峰鼎足，崇山峻岭，林壑幽深，地势险要，传有猴子采茶之说。该地区低温多湿，土质肥沃深厚。山上，常年云雾缭绕，夏日夜晚凉爽，晨起云海一片，浓雾茫茫；山下，太平湖蜿蜒；幽谷中，山高林密，鸟语花香。

猴魁的采制时间一般是在谷雨到立夏间，茶叶长出一芽三四叶时开园。采摘的原则精练成“四拣”，即拣山、拣棵、拣枝和拣尖。分批采摘，精细挑选，取其枝头嫩芽，弃其大叶，严格剔除虫蛀叶，保证所采鲜叶全部达到一芽二叶的标准，且大小一致、均匀美观。制作的工艺精巧，杀青时用手炒锅，炭火烘烤，火温要在 100℃以上；每杀青一次，仅投鲜叶 100～150 g，在锅内连炒三五分钟，制作的全过程达四五个小时。猴魁的包装也很讲究，需趁热时装入锡罐或白铁筒内，待茶稍冷后，以锡焊口封盖，这样可使远销国外和调运到北京、天津、上海等地的猴魁久不变质。

猴魁为极品茶，依其品质高低分为 1～3 等或称上、中、下魁。

（6）祁门功夫红茶。祁门功夫红茶是我国传统功夫红茶中的珍品，主要产于安徽省祁门县，与其毗邻的石台、至东、黟县及贵池等县也有少量生产。这些地区土壤肥沃，腐殖质含量高，早晚温差大，常有云雾缭绕，且日照时间较短，可说是茶树生长的天然佳境，孕育了“祁红”那特殊的芳香厚味。

祁门红茶品质超群，被誉为“群芳最”。它以条形紧秀，锋苗好，色有“宝光”和香气浓郁著称于世。英国人喜爱祁红，皇家贵族把它当作时髦饮品，称它为“茶中英豪”。日本消费者也爱饮用祁门红茶，称其香气似“玫瑰香”。据历史记载，清光绪前，祁门生产绿茶，品质好，被称为“安绿”。光绪元年（公元 1875 年），黟县人余干臣从福建罢官回原籍经商，在至德县（今至东县）设立茶庄，仿照“闽红”的制法试制红茶，获得成功。由于该茶价高、销路好，人们纷纷相应改制，逐渐形成“祁门红茶”，与当时国内著名的“闽红”“宁红”齐名。

“祁红”曾获 1915 年巴拿马万国博览会金质奖。品质优异的祁门红茶，采制工艺十分精湛。高档茶以一芽二叶为主，一般均系一芽三叶及相应嫩度的对夹叶。将采摘好的鲜叶经过16道工序进行加工，最终制成外形整齐美观、内质纯净统一的高品质祁门红茶。若选用祁门所出的“白如玉、薄如纸、明如镜、声如罄”的高白釉薄胎茶具，再取祁门山泉冲泡，品饮祁门红茶时就会看到：茶汤红艳鲜亮，茶碗与茶汤接缘处会出现一圈金黄色的光环；热气先绕几圈，再徐徐上升；叶底披裹着一身红艳艳的“时装”，颇为悦目。

祁门功夫红茶依其品质高低分为1～7级。

(7) 安溪铁观音。铁观音茶树生长于福建安溪县西部的内安溪。这里群山环抱，峰峦绵延，年平均温度在15～18℃，气候正如当地民谚所描述的那样“四季有花长见雨，一冬无雪却闻雷”。铁观音茶的历史有200余年。

铁观音茶是乌龙茶中的珍品。它制作严谨、技艺精湛。一年分四季采制，谷雨至立夏为春茶；夏至至小暑为夏茶；立秋至处暑为暑茶；秋分至寒露为秋茶。该茶的品质以春茶为最好，其条索卷曲、壮结、沉重，呈青蒂绿腹蜻蜓头状；色泽鲜润，砂绿显，红点明，叶表带白霜；汤色金黄，浓艳清澈；叶底肥厚明亮，具有绸面光泽。品饮茶汤醇厚甘鲜，入口回甘带蜜味；香气馥郁持久，有“绿叶红镶边，七泡有余香”之誉。

铁观音的品饮仍沿袭传统功夫茶的品饮方式：选用陶制小壶、白瓷小盅作茶具，先用温水将茶具烫热，然后在壶中装入相当于1/2～2/3壶容量的茶叶，冲以沸水，即刻会觉得有一股香气扑鼻而来，正所谓“未尝甘露味，先闻圣妙香”。1～2 min后将茶汤倾倒入小盅内，先嗅其香，继品其味，浅斟细啜，实乃一种生活享受。

铁观音茶一向为福建、广东、台湾茶客与海外侨胞所珍爱。此茶一经品尝，辄难再释手。20世纪50年代以来，铁观音茶逐渐为华北人民所喜爱，现在则美名遍及全国各地，需求量不断增长。在日本，铁观音几乎已成为乌龙茶的代名词。

根据福建省的地方标准FDBT/NY 32.18《乌龙茶成品茶》规定，闽南乌龙铁观音按其感官品质高低分为特级、1～4级。

(8) 云南普洱茶。普洱茶是中国名茶一秀，素以其独特的风味和优异的品质而享誉海内外。它属黑茶类，即后发酵茶，是我国特有的茶类。

据南宋《续博物志》记载：“西藩之用普茶，已自唐朝。”西藩，指居住康藏地区的兄弟民族；普茶，即普洱茶。由此可以推断普洱茶在唐代就已问世。普洱茶的得名源于普洱县，普洱县是滇南重镇，当时，周围各地所产茶叶运至普洱府（即普洱县）加工，再运销康藏各地，遂得名。现云南西双版纳、思茅等地仍盛产普洱茶。

普洱茶选用优良的云南大叶种，采摘其鲜叶，经过杀青后揉捻晒干制成晒青茶，然后泼水堆积发酵（沤堆）。经过这种特殊工艺制成的普洱茶具有别具一格的品质。其外形条索粗壮肥大，色泽乌润或褐红；汤色红黄，香气馥郁；滋味醇厚回甜，具有独特的清香，饮后令人口齿生香，回味无穷，而且茶性温和，有较好的药理作用。

普洱茶有散茶和紧压茶两种。散茶外形条索粗壮、重实，色泽褐红；紧压茶由散茶蒸压而成，外形端正匀整，松紧适度。近年来，普洱茶不仅深受港澳地区和东南亚国家消费者的欢迎，而且远销西欧，成为越来越多的人喜爱的保健饮品。在日本、法国、德国、意大利等国被称为“美容茶”“益寿茶”“减肥茶”等。小包装的普洱茶，外观采用编织精美、镶嵌彩色大理石的竹盒，显得古朴大方，具有浓厚的民族风格，它使消费者既可取包装内的名茶品尝，又可留下包装作为工艺品观赏。

(9) 君山银针。“洞庭帝子春长恨，两千年来草更香”，这是对君山银针的赞美之诗。它产于烟波浩渺的洞庭湖中的青螺岛，岛上土壤肥沃，竹木丛生；春夏季湖水蒸发，云雾弥漫。正是这“遥望洞庭山水翠，白银盘里一青螺”的君山小岛孕育了这棵银针。

君山银针属黄茶种类，为轻发酵茶。基本制作工艺近似绿茶，但在制茶过程中对其加以焖黄，从而具有黄汤黄叶的特点。君山银针在清明前 3 天左右开始采摘，采摘时直接从茶树上拣采芽头，所采芽头长 25～30 mm，宽 3～4 mm，芽蒂长约 2 mm，肥硕重实，一芽头包含三四个已分化却未展开的叶片。雨天不采、露水芽不采、紫色芽不采、空心芽不采、开口芽不采、冻伤芽不采、虫伤芽不采、瘦弱芽不采、过长过短芽不采，这就是采摘时君山银针要遵循的“九不采”原则。采摘好的鲜叶经杀青、摊晾、焖黄等 8 道工序，历时 3 天，即经过长达 70 多个小时，将其制成品质超群的君山银针茶。每千克君山银针约有 5 万个芽头。

君山银针属芽茶，其芽头肥壮、紧实挺直，芽身金黄、满披银毫，汤色橙黄明净，香气清纯，滋味甜爽，叶底嫩黄匀亮。根据芽头的肥壮程度，将君山银针分特号、一号、二号 3 个档次。如用洁净透明的玻璃杯冲泡君山银针，可以看到：初始时芽尖朝上、蒂头下垂而悬浮于水面；随后缓缓降落，竖立于杯底，忽升忽降，蔚成趣观，最多者可达 3 次，可谓“三起三落”；最后都竖沉于杯底，如刀枪林立，似群笋破土，芽光水色，浑然一体，堆绿叠翠，妙趣横生。且不说品尝香味以饱口福，只消亲眼观赏这幅动画，也足以引人入胜、神清气爽了。在 1956 年国际莱比锡博览会上，君山银针被誉为“金镶玉”，并赢得金质奖章。

(10) 黄山毛峰。据《徽州府志》记载：“黄山产茶始于宋之嘉佑，兴于明之隆庆。”由此可知，黄山产茶不但历史悠久，而且黄山茶在明朝就已经很有名了。

黄山毛峰是在清代光绪年间由谢裕泰茶庄所创制。该茶庄创始人谢静和，安徽歙县人，以茶为业，不仅经营茶庄，而且精通茶叶采制技术。1875 年以后，为迎合市场需求，每年清明时节，在黄山汤口、充川等地，茶农登高山名园，采肥嫩芽尖，精心焙炒，然后将制成的茶叶标名“黄山毛峰”，远销东北、华北一带。

黄山为我国东部的最高山峰，素以苍劲多姿之奇松、嶙峋奇妙之怪石、变幻莫测之云海、色清甘美之温泉而闻名于世。明代徐霞客曾给予黄山很高评价，“五岳归来不看山，黄山归来不看岳”，把黄山推为我国名山之首。黄山风景区内海拔 700～800 m 的桃花峰、紫云峰、云谷寺、松谷庵、吊桥庵、慈光阁一带为特级黄山毛峰的主产地。黄山风景区外围的汤口、岗村、杨村和芳村也是黄山毛峰的重要产区，历史上曾将其称为黄山“四大名家”。现在，黄山毛峰的产地已扩展到黄山山脉南北麓的黄山市徽州区、黄山区、歙县、黟县等地。这些地区山高谷深，峰峦叠嶂，溪涧遍布，森林茂密，气候温和，雨量充沛，年平均温度为 15～16℃，年平均降水量为1 800～2 000 mm。这些地区的土壤属山地黄壤，土层深厚，质地疏松，透水性好，含有丰富的有机质和磷钾肥，适宜茶树生长。优越的生态环境，为黄山毛峰独特品质风格的形成提供了极其良好的条件。

黄山毛峰分特级、1～3 级。特级黄山毛峰又分上、中、下三等；1～3 级各再分两等。

特级黄山毛峰堪称我国毛峰之极品，其形似雀舌，匀齐壮实，峰显毫露，色如象牙，鱼叶金黄；内质清香高长，汤色清澈，滋味鲜浓、醇厚、甘甜；叶底嫩黄，肥壮成朵。毛峰中的“黄片”和“象牙色”是特级黄山毛峰，外形与其他毛峰相比有明显特征。

黄山不仅盛产名茶，而且多有名泉。“黄山旧名黟山，东峰下有朱砂汤泉可点茗，泉色微红，此自然之丹液也。”名山，名茶，名泉，三者相得益彰。用黄山泉水冲泡的黄山茶，其茶汤经过一夜，第二天茶碗中也不会留下茶痕。

（11）滇红功夫茶。滇红功夫茶属大叶类型的功夫茶，是我国功夫茶的奇葩，它以外形肥硕紧实、金毫显露和香高味浓的品质而独树一帜。

云南是茶叶的原产地，是茶叶之路的起始点，然而云南红茶的生产仅有60多年的历史。1938年年底，云南中国茶叶股份公司成立，并派人分别到顺宁（今凤庆）和佛海（今勐海）两地试制红茶，首批制成的茶叶约2 500 kg，这些茶叶通过香港富华公司转销伦敦，赢得客户欢迎。据传说，英国女王对此茶非常喜欢，将其置于玻璃器皿之中，作观赏之物。后因战事连绵，滇红功夫茶窒息于襁褓之中。直到20世纪50年代后期，滇红功夫茶才得以发展和开始第二次崛起，成为受举世欢迎的功夫红茶。“滇红”产于云南省南部的临沧，那里溪流交织、雨量充沛、土壤肥沃，而且腐殖质丰富，被科学家称为“生物优生带”。

“滇红”因采制季节的不同，其品质也有所不同，春茶比夏、秋茶好。春茶条索肥硕，身骨重实，净底嫩匀；夏茶正值雨季，虽芽毫显露，但净度较低，叶底稍显硬、杂；秋茶正处于干凉季节，茶身骨轻、净度低，嫩度不及春、夏茶。选用嫩度适宜的、内含多酚类物质比其他茶树丰富的云南大叶种茶树的鲜叶作为原料，经过加工会产生较多的茶黄素、茶红素，再加之咖啡碱、水浸出物等物质含量较高，制成的红茶汤色红艳，品质上乘。

“滇红”茸毫显露为其品质特点之一，其毫色可分淡黄、菊黄、金黄等类。滇红外形条索紧结，肥硕雄壮，干茶色泽乌润，金毫特显；内质汤色艳亮，香气鲜郁高长；滋味浓厚鲜爽，富有刺激性；叶底红匀嫩亮。“滇红”的香气以滇西茶区中云县、凤庆、昌宁所产功夫茶的香气为好，尤其是云县部分地区产的功夫茶，其香气高长，且带有花香。滇南茶区的功夫茶滋味浓厚，刺激性较强；滇西茶区的功夫茶滋味醇厚，刺激性稍弱，但回味鲜爽。滇红功夫茶依其品质分为1～7级。

（12）六安瓜片。六安瓜片的历史悠久，早在唐代，书中就有记载。将茶叶称为“瓜片”，是因其叶状好似大个的瓜子。色泽翠绿、香气清高、味道甘鲜的六安瓜片，历来被人们当作礼茶，用以款待贵客嘉宾。明代以前，六安瓜片就是供宫廷饮用的贡茶。这有史料为证，据《六安州志》载：“天下产茶州县数十，惟六安茶为宫廷常进之品。”

六安瓜片的产地主要集中在安徽金寨、六安、霍山三县，其中以金寨的齐云瓜片为最佳。齐云山蝙蝠洞所产茶叶的品质最优，用开水沏后，可见雾气蒸腾，清香四溢，故其被称为“齐山云雾”。

在炎夏，品尝过六安瓜片的人会有这种感觉：喝上一杯，顿觉心清目明、七窍通顺，精神为之一爽。因为，这种茶叶具有一定的医用价值，明朝闻龙在《茶笺》里就称其为“六安精品，入药最效”。

六安瓜片的采摘标准是对夹二三叶和一芽二三叶，按该标准采摘下来的原料经生锅、熟锅、毛火、小火、老火这5道工序制成形似瓜子形的单片，这些单片自然平展，叶缘微翘，大小均匀，不含芽尖、芽梗、色泽绿中带霜（宝绿）。六安瓜片中的齐山瓜片又分为1～3级。

（13）云南沱茶。云南沱茶1989年获全国名茶称号，是具有独特风格的传统名茶。云南下关沱茶1985年荣获国家优质产品银质奖章；云南普洱沱茶1986年获世界食品汉白玉金冠奖。

云南沱茶属紧压茶，产销历史很悠久。明代《滇略》一书即有土市的记载，它坐落在终年积雪的苍山之麓、碧波荡漾的洱海之滨，风光明媚，环境优美，泉水清洌，是加工精制茶叶的理想地方。

云南沱茶选用优质毛茶作原料，经高温蒸压精制成碗形，规格一般为外径8 cm、高45 cm，外观显毫。云南沱茶有两种类型，各具特色。一种是选用滇南茶区所产优质青毛茶经加工制成，具有色泽乌润、汤色清澈、馥郁清香、醇爽回甜的特点，主销国内各地；另一种是采用普洱散茶作为原料，所制成的沱茶色泽褐红，汤色红亮，性温味甘，滋味醇厚，主要供应出口，远销西欧、北美。这两种沱茶的共同点都是外形紧结端正，冲泡后色、香、味俱佳，且能持久，耐人品尝。由于受人欢迎，云南沱茶的销路日广。法国巴黎的一位医学专家给20位血脂过高的病人每天喝3碗普洱沱茶，观察1个月后，发现患者的血脂下降了22%，疗效明显。目前，沱茶，尤其是普洱沱茶在国内引起各界人士的重视和浓厚兴趣开始成为一种有益于身体健康的保健饮品。

沱茶的加工工艺一般有称茶、蒸茶、压制、定型、干燥和包装等工序。按其重量规格划分为100 g、250 g和500 g。下关沱茶100 g一份，由盖茶与底茶组成，其中盖茶占25%，其余为底茶。

（14）平邑金银花茶。金银花茶是国内首创的一种新型保健茶，它是用金银花的花蕾配以绿茶，按照茶叶的加工工艺制作而成。金银花茶的干茶呈栗褐色，冲泡后香气清雅，滋味甘醇，汤色黄亮悦目。它既保持了金银花固有的外形和内涵，又具有一般茶类的通性。

金银花，又名双花、二宝花、忍冬花，我国是金银花的原产地之一。金银花是国家确定的名贵中药材之一。历代医学巨著均把其列为上品，《名医别录》记述了它有治疗“暑热身肿”的功能；李时珍的《本草纲目》称它可以“久服轻身，延年益寿”。相传，当年乾隆皇帝下江南，途经山东平邑，在登蒙山至“孔子登临处”时，中暑晕倒、昏迷不醒，随行御医慌做一团，用珍奇名药救治，皆无济于事。当地一位郎中闻讯，仅用数枚金银花煎茶，乾隆皇帝服后暑疾顿消。从此，金银花被列为贡品。现代医学研究证明，金银花的主要成分为具有抗菌消炎作用的绿原酸。此外，它还含有肌醇、皂甙、挥发油和黄酮类等多种营养保健成分。

为了充分发挥金银花的神奇保健功效，山东兰陵集团与中国南京野生植物研究所共同研制出了金银花茶。金银花茶闻之气味芬芳，饮之心清肺爽，且能防暑降温，明目增智，常饮可延年益寿。在原商业部组织的鉴定会上曾获得专家好评：“金银花茶饮用安全，无毒副作用；具有清热解暑，促进生长，延缓衰老，降脂减肥，清除体内有毒物质等多种保健功能；是夏季防暑、婴儿和中老年人保健、高温作业及重污染岗位职工劳动卫生保护等领域内的有益茶品。”

兰陵“九间棚”牌金银花茶的加工工艺独特，需经严格地挑选、浸渍、烘烤和对绿茶窨制（3次以上）等工序。窨制时，窨花比例为花7∶茶3。成品金银花茶中的金银花，其外形保持了金银花蕾原有的形体和色泽，冲泡后花蕾在茶汤中飘游浮动，汤色黄亮，饮之有特殊的清香淡雅感。平邑金银花茶与其他保健茶的区别主要在于：一是无中药味，兼有茶之品味和花之清香；二是金银花采摘工艺讲究，只选用含苞待放的花蕾，不采摘展开之花。金银花依其茶坯品质和窨制工艺不同分为特级、1级、2级和3级。

金银花茶一上市，立即受到消费者的认可，产量一增再增，仍然供不应求。尤其是东南亚国家的人们，把金银花茶视为珍宝，其中日本人还把金银花茶作为象征吉祥的礼品馈赠亲朋好友；美国、日本、罗马尼亚、澳大利亚等客商也曾在平邑县考察金银花；中国香港永宝代理有限公司看到了开发金银花茶产品的前景，与山东兰陵集团兴建了“平邑兰陵金银花保健饮料有限公司”，共同开发经营金银花茶、金银花珍、金银花袋泡茶、罐装茶等系列产品。

2. 中国各地名泉

泉，遍布神州大地。作为人类生存不可缺少的重要水资源，我们的祖先很早就开始开发利用泉水。在出土的甲骨文里，即有关于泉的记载，如古老的诗集《诗经》中就有许多佳美的诗句词章都是礼赞、描绘泉水的。

这里所介绍的泉，仅是我国数以千计的清泉中的一部分，其分布地域以江南为主，且都是与品茶相关的。这些泉历经漫长岁月，有的依然流水淙淙，有的已近干涸，有的则已经湮没。将茶泉整理出来汇集一处，可作为珍贵资料，长存在茶文化的史册中。下面介绍50个各地名泉。

（1）天下第一泉。自唐代饮茶之风尚流行以来，被称为天下第一泉的有下列7处：

庐山康王谷谷帘泉，此泉位于江西省著名风景旅游区的庐山南山中部偏西处。茶圣陆羽将其评为“天下第一泉”，使之名扬四海，历代文人墨客接踵而至，纷纷品水题字。王安石、朱熹、秦少游等人都在浏览品尝过谷帘泉水后留下华章佳句，为之添光增彩。

镇江中泠泉，即扬子江南零水，又名中零泉、中濡水，意为大江中心处的一股清冷的泉水。此泉位于江苏省镇江市金山寺以西约0.5公里处的石弹山下，被唐代刘伯刍评为第一泉。宋代民族英雄文天祥在品尝了用中泠泉泉水煎泡的茶之后曾写下这样的诗句：“扬子江心第一泉，南金来此铸文渊。男儿斩却楼兰首，闲品《茶经》拜羽仙。”由此，中泠泉“扬子江心第一泉”的名声更是不胫而走。

北京玉泉山玉泉，此泉位于颐和园以西的玉泉山南麓。玉泉水“水清而碧，澄洁似玉”，故称玉泉。玉泉流量大而稳定，曾是金中都、元大都和明、清北京河湖系统的主要水源。明代从永乐皇帝迁都北京以后，曾把玉泉定为宫廷饮用之水源地，并沿袭至清代。清代乾隆皇帝曾命人从全国各地分别汲取名泉水样和玉泉水一起进行比较、称水检测，结果北京玉泉水名列第一，比国内其他名泉的水质都轻，证明此泉水所含杂质最少，水的质量优异。故乾隆皇帝特地撰写《玉泉山天下第一泉记》，赐名玉泉为“天下第一泉”。

趵突泉，此泉位于山东省济南旧城区的西南处，趵突泉东西 700 米，南北 250 米，是济南七十二泉水之首。北宋文学家曾珙在《齐州二堂记》一文中，正式命其名为“趵突泉”。乾隆皇帝在品尝完趵突泉冲泡的茶水之后又将其命名为“天下第一泉”。

玉液泉，此泉位于四川峨眉山神水阁前，泉水清澈湛碧悦人，饮之甘冽适口，治病健身，延年益寿，被清人邢丽江评为“天下第一泉”。

碧玉泉，此泉位于云南省昆明市安宁县的螳螂川右岸。相传，碧玉泉池中有石，“光腻胜玉，碧色奇目”，故而得名。该泉水清澈透明，水质柔滑优良，水温在 40～45℃之间，可以洗浴，还可饮用。浴则可治疗多种疾病，尤其是对皮肤病、关节炎和慢性胃病疗效显著；饮则烹茶煮茗，其味温醇可口，风味独特。因此，明代学者杨慎说此泉水“不可不饮”，并手书“天下第一汤”。

沙漠之中有一处“月儿泉”亦被人赞为“天下第一泉”。

(2) 天下第二泉。如果说天下第一泉尚有些纷争的话，天下第二泉却无此之扰仅无锡惠山泉一家独享此殊荣。它位于无锡市惠山第一峰白石坞下的锡惠公园内。因茶圣陆羽曾亲品其味，将其评为天下第二泉，其后刘伯刍、张又新等唐代著名茶人均推举它为天下第二泉，故一直以来惠山泉就享此名声。

(3) 龙井泉。原名龙泓泉，又名龙湫，是个圆形泉池，位于浙江省杭州西湖的西南，即南高峰与天马山之间的龙泓涧上游的风篁岭上。

(4) 虎跑泉。素以天下第三泉著称的虎跑泉位于浙江省杭州西湖的西南方，大慈山白鹤峰麓。传说，唐元和年间有位叫性空的和尚居住此地，苦于无水，一日忽见有二虎刨地，泉遂涌出，故取名“虎刨泉”，后觉拗口，又改为“虎跑泉”。虎跑泉是一个两尺见方的泉眼，清澄明净的泉水从山岩石缝间汩汩流出，用之烹龙井茶是历代茶人最为惬意之事，人称虎跑水和龙井茶为“双绝”。

(5) 仆夫泉。此泉位于浙江杭州孤山玛璃坡。泉水在丘陵巅崖的上面，非常清冽，入口极凉。用它来煮饮茶汤，比江湖之水要好得多。明代冯梦祯曾经在自己的书中有过记载。

(6) 后仆夫泉。此泉在浙江杭州宝石山玛璃院。玛璃院本来是在孤山，南宋时迁移到宝石山。庙里的僧人们所饮用的井水非常苦。元朝至正三年，僧人芳洲挖地的时候挖出了一股泉水，后人就以“后仆夫”来命名它。

(7) 参寥泉。此泉位于浙江杭州孤山智果寺，泉水从石缝间流出，非常甘冽，很适宜泡茶。参寥是一个僧人的名字。苏东坡在《参寥泉铭序》中记载说：“余谪居黄。参寥子不远数千里，从余于东城。留期年。尝与同游武昌之西山。梦与赋诗。‘寒食清明，石泉槐火’之句，语甚美，而不知所谓。其后七年，余出守钱塘。参寥子在焉。明年，卜智果精舍居之。又明年，新居成，而余以寒食去郡。实来告行。舍下旧有泉出石间。是月，又凿石得泉，愈冽。参寥子撷新茶，钻火，煮泉而瀹之。笑曰：‘是见子梦九年，卫公之为灵也久矣。’座人皆怅然太息，有知命无求之意，乃名之曰‘参寥泉’。”

(8) 佛足泉。此泉位于浙江杭州宝石山下。宝石山石壁上有两个足迹，大约有 1 米长、0.33 米宽。据传是钱王故迹，还有人说是佛祖曾从此走过留下的脚印，因此就以之来命名该泉水。泉水边上的石头不生苔藓，非常光洁，滑腻可玩。

(9) 君子泉。君子泉有两处，均在浙江杭州。一处在凤林寺的后面，泉边的石上刻有“君子泉”三字。南宋时，达官贵人们经常在该泉水中浸润新鲜水果，因它的清凉之气使水果不容易腐坏。还有一处在积庆山马波岭，这两股泉水最后都汇合在金沙泉。

(10) 玉女泉。此泉位于浙江杭州飞来峰的玉女洞中。宋代苏东坡在杭州做官的时候，非常喜欢这里的泉水，特派人每天来打两瓶水，可是又怕打水人偷懒用其他地方的水调包，就特意用竹子制作了标记，交给寺里的僧人，作为取水的凭证，后人称该凭证为“调水符”。

(11) 梦泉。浙江杭州有三处泉水都叫梦泉，一处在天竺双桧峰下，一处在前梦泉的西边，还有一处在幽淙岭。

(12) 茯苓泉。此泉位于浙江杭州灵隐寺无垢院的后山。山内苍松翠柏，摇曳多姿，石缝中流出的泉水异常甘甜，经常饮用的人身体健康、延年益寿。

(13) 观音泉。浙江杭州总共有四处观音泉。一处在上天竺，一处在麦岭北的茅家埠，俗名观音井，井宽只有几尺，井水的滋味比玉泉还要甘甜。发生大旱的时候，其他地方的泉水都干涸了，只有这里的泉水依然汩汩流淌。一处在杭州城内三桥址，也叫汲古泉。此泉清洌甘甜，旱天也不干竭。最后一处在云居山圣水庵侧面，据说能够治疗疾病，所以也被称作圣水泉。

(14) 胭脂泉。此泉位于杭州胭脂岭的普福寺中，和小溪相通，经茅家埠入湖，也叫仙芝泉。

(15) 刘公泉。此泉位于杭州南高峰的烟霞洞，泉水从石缝中间流出，清澈甘甜。

(16) 琳琅泉。此泉位于杭州南高峰的无门洞背面。

(17) 定光泉。此泉位于杭州法相定光庵侧面，山腰上的这股泉水盘旋飞流，溅沫可爱，水质非常清凉甘甜，从前也叫锡杖泉。

(18) 钵泉。此泉位于杭州风篁岭上面，泉水从石间流出，泉眼的形状好像钵盂，也叫钵池。泉水从石中流出，旁边刻有“玉液”二字，因此又叫玉液泉。

(19) 涌泉。叫涌泉的有两处，均在浙江杭州城内。一处在理安寺法雨泉的侧面。一处在霍山的西面，清心院山坡下面，泉水从石罅中流到庙前，再转入黄山桥的小河。泉水味道非常清洌，大旱天也不干竭。传说宋高宗也曾用它来煮饮茶汤。

(20) 甘露泉。此泉在杭州钱粮司岭的广泽寺里面，是虎跑泉的另一支脉。可以用它来煮饮茶汤。

(21) 子午泉。此泉位于浙江杭州宝山。泉水芬洌，每至子午二时，水则溢，故而得名。遇大旱时，汲者众，水稍涸。然至夜半，泓然复盈。

(22) 咽蛙泉。此泉位于浙江杭州湖墅草营巷法云寺的右面。相传以前曾有一高僧，能禁止蛙鸣，泉水就以此得名。清朝庚午年以后，法云寺被废弃，咽蛙泉也被埋没。

(23) 志书泉。此泉位于湖墅妙行寺，泉水出自两口井。所出泉水很是甘洌。

(24) 莲花泉。此泉位于浙江杭州飞来峰顶峰，清澈甘甜，用来煮茶非常适宜。

(25) 烹茗井。此泉位于浙江杭州灵隐山。因白居易曾用它来煮饮茶汤，故而得名。

(26) 雪银泉。此泉位于杭州艮山门外伴云庵中。泉水不掺杂任何异味，清澈甘甜，即使放置几个月味道都不会改变，因而数十里之外的许多人都来这里汲取泉水。

(27) 东坡泉。此泉位于浙江杭州。因是被宋代大文学家苏东坡发现，故得名“东坡泉”。据《咸淳临安志》记载：在杭州双溪西边数十步远，苏东坡开始寻访泉水源头时，无意中发现了它，用来煮茶非常合适。

(28) 安平泉。此泉位于浙江余杭临平镇安隐院池边，即苏东坡诗“当时陆羽空收拾，遗却安平一道泉”中的这一道“泉”，泉水极甘洌。

(29) 炼丹泉。此泉位于浙江余杭临平山北 0.5 公里处，景星观前面。相传为葛仙翁遗迹。《宣统府志》中记载，因为观帝有邱真人祠，推断它是邱的遗迹。清朝顺治十五年，当地人围着泉水做了池，水的品质就不如以前了。

(30) 梅花泉。此泉位于浙江杭州西溪，泉水滚滚而下，如同梅花瓣形状，比惠山泉要甘甜。

考核范围 11——茶的清饮法和调饮法知识

1. 茶的清饮法知识

清饮法或瀹饮法，即在茶汤中不加任何调料，以沸水直接冲泡叶茶的方法。

清饮，追求的是茶的真实味，中国的大多数地方都采用清饮泡法，使茶发挥本性固有的香气和滋味。

早在元代就已经出现了用沸水冲泡末茶的“建汤”。明人陈师在《茶考》一书中也提到明朝南方地区以沸水冲泡末茶的饮法，“杭俗烹茶，用细茗置茶瓯，以沸水汤点之，名为撮泡”。这种方法“北客多哂之，予亦不满”，“况杂以他果”。显然这种饮法并未普及，但却首开用沸水冲泡茶叶之先河，为以后饮茶史上的巨大变革之“瀹饮法”的形成奠定了基础。

瀹饮法“洗茶候汤择器，皆各有法”。只要懂得茶中趣理，具体程序可以不像前人箭茶、点茶那样严格，从而给人留下自我发挥的空间，即所谓“简便异常，大趣悉备，可谓尽茶之真味矣”。明人沈德符在《野获编补遗》中高度评价了瀹饮法：“茶加香物，捣为细饼，已失真味。宋时又有宫中绣茶之制，尤为水厄中第一厄。今人唯取初萌之精者，汲泉置鼎，一瀹便啜，遂开千古茗饮之宗。乃不知我太祖实首辟此法，真所谓圣人先得我心也。陆鸿渐有灵，必俯首服；蔡君谟在地下，亦咋舌退矣。”

2. 茶的调饮法知识

调饮法，有着不同于清饮法的品茗要求、方式方法、规则程序，同样也是一种别具一格的品茗艺术。调饮法即混饮法，在茶汤中添加其他物品，以佐汤味，可以添加的物品如盐、糖、奶、葱、橘皮、薄荷、桂圆、红枣等。调饮添加之物，全凭各人的口味爱好，没有特别的规定，现代人甚至在茶中加酒、水果汁或冰块冷饮。

调饮法自明朝开始瓦解之前，一直是中国人饮茶的主要方式，早在茶之为品饮之前，古人以茶为药和羹的时候，人们就将茶叶与其他食物相佐而食，如张辑在《广雅》中所记载的那样："荆巴间采叶作饼，叶老者。饼成米膏出之。欲煮茗饮，先炙令赤色，捣末置瓷器中，以汤浇覆之，用葱、姜、橘子膏之。""芼"在《礼记》中的注释为"菜酿"，即"菜羹"。古人将葱、姜、橘子与茶共煮成羹的习惯直到茶成为饮料时还保留着，也许这是因为人们在羹饮的过程中发现用这些食物作料能有效地抑制茶叶的苦涩和涩味吧。

人们普遍以清饮法饮茶，给人造成一种错觉，似乎调饮已经退出历史舞台，完全从人们的生活当中消失了。其实不然，调饮仍然存在，而且在国外，调饮法一直处于主导地位，是人们日常饮茶的主要方法。即使在国内，近几年来调饮方式也逐渐流行起来，加上与新产品、新技术的结合，调饮的形式也日趋多样化。新型的调饮方式尤其受年轻人的喜爱。

一般来说，茶叶作料按其食用方式可以归纳为食物型和加香型两种。前者是可以和茶共食的食物，如盐、姜、葱、芝麻、花生等；后者仅以气味入茶。加香型作料在其雏形时，原体往往和茶相混，近几十年来，随着工艺日臻完善作料原体很少入茶了。加香型作料有茉莉花、栀子花、桂花和麝香等。食物型作料又可按其食用时是否直接入茶分为加入型和旁置型，按其气味分为辛辣型和清雅型等。

以上是对食物型作料的介绍，接下来谈谈加香型作料。

罗禀在《茶解》中说："茶性淫。"这是指茶叶（干茶）具有很强地吸附异味、而又不会轻易将其释放掉的特性。加香型茶叶作料，正是利用茶叶的这一特性而开辟出来的饮茶新天地。加香型茶叶今天统称为花茶。

古人在茶叶中加入其他的配料，其目的是一方面要增加茶的香味，另一方面是想从中寻求更简便、实用的保健方法，借助茶来治疗疾病辅其延年益寿。

在我国古书中，有关茶疗论著浩如烟海，五花八门。大辞赋家司马相如的《凡将篇》是一本教人识字的教育字书，在书中他把意义同属一大类的字排在一起。当时他把茶（书中叫"诧"）和贝母、桔梗、茱萸、芍药、莞椒这些中草药放在了一起。李时珍在《本草纲目》中列出多种以茶和其他中草药配合而成的药方，如茶和茱萸、葱、姜一块煎服可以帮助消化、理气顺食；茶和醋一块煎服，可以治中暑和痢疾；茶和芎穷（即川芎）、葱一块煎服可治头痛。明末清初，民族英雄郑成功为收复台湾，曾屯兵福建闽南，由于闽地气候炎热，山地雾瘴终年不散，瘟疫不断，南下将士一时适应不了该地区的这种水土气候环境，众多士兵得了疟疾，发冷发热不止。军中有一位闽籍军医，即命全军将士，用本地产的茶叶和姜、蔗糖配调用水煎熬，充当茶水给士兵饮用，很快治愈了疟疾。从药理上说，茶助阴、姜助阳，蔗糖能解毒，并能消暑散瘀，且一寒一热，调平阴阳，不问赤白冷热，用之皆宜，谓之"姜茶饮方"。此配方至今一直被我国闽、粤、台人所沿用。

从以上所举的例子中，可以清楚地看到古人用加料茶伴饮的目的，这也是加料茶流行不衰的原因之一。

当今的调饮泡法，比较常见的是在红茶茶汤中加入白砂糖、牛奶、柠檬片、咖啡、蜂蜜或香槟酒等作料。

考核范围 12——货品调配知识

1. 调配茶叶的基本知识

要沏出好茶，茶叶的选择当然是至关重要的。一般对红、绿茶的选择应注重其是否“新、干、匀、香、净”。

(1) 新。“新”是避免使用“香沉味晦”的陈茶。茶叶的新、陈有多种说法，一般把当季甚至当年采制的茶叶称新茶，而把前一年或更久以前采制的茶叶称为陈茶。“饮茶要新”是我国民间总结出来的宝贵经验。这是因为新茶香气清鲜，维生素 C 含量较高，多酚类物质较少被氧化，汤明叶亮，经人以新鲜感。对于名茶和高档茶的选择更要择其“新”者。干茶鉴别时应注意，新的绿茶呈嫩绿或翠绿色，有光泽，而陈茶则灰黄，色泽暗晦；新红茶色泽油润或乌润，陈红茶色泽灰褐。

(2) 干。“干”是指茶叶的含水量低（$<6\%$），以保持茶叶干燥，把“干”茶叶放在食指和拇指之间能将其捏成粉末。“干”是茶叶保鲜的重要条件，若茶叶含水量高，首先是茶叶中的化学成分，如茶多酚、维生素 C、叶绿素等易被破坏，产生陈色、陈气和陈味；其次是茶叶容易受微生物污染和作用而形成“霉气”。

(3) 匀。“匀”是指茶叶的粗细和色泽均匀一致。这是衡量茶叶采摘和加工技术优劣的重要参考依据。合理的采摘，会使芽叶完整，干茶叶的单片和老片少，规格一致；良好的加工技术会使干茶色泽均匀，无焦斑，上、中、下档茶比例适宜，片末碎茶少。

(4) 香。“香”是指茶叶的香气高而纯正。抓一把茶叶先哈一口热气，再置鼻端嗅干香，若闻到板栗香、奶油香或锅炒香者，则为好绿茶。若是优质红茶，尤其是功夫红茶，则呈甜香或焦糖香。花茶中以透出浓、鲜、清、纯的花香者为上品。因此，只要取一把花茶放在手中，送至鼻端嗅一下，具有浓郁纯正花香、茶叶中略有花瓣者，为正宗窨花茶；如果只有茶味，无花香，而且茶中夹杂的花干数量又多者，多半是用花干掺入茶中形成的拌花茶，属假冒花茶。茶香纯正与否，有无烟、焦、霉、酸、馊等异味，也可以从其干香中鉴别出来。

(5) 净。“净”是指茶叶的净度好，茶叶中不掺杂异物。这里所指的异物包括两类：一类是茶叶本身的夹杂物，如梗、籽、朴、片和毛衣等；另一类是非茶夹杂物，如草叶、树叶、沙泥、竹丝、竹片和棕毛等。这些夹杂物直接影响到茶叶的品质和卫生。给宾客敬茶时，茶叶中若有夹杂物会使人大扫茶兴。

选择茶叶时，还应根据茶叶花色品种的品质特征而定，有些花色品种经合理的短时间存放，甚至久存后，品质更佳。例如，西湖龙井茶、旗枪和莫干黄芽等，采制完毕后，将其放入生石灰缸中密封存放 1～2 个月后，其色泽更为美观、香气更加清香纯正。云南普洱茶、广西六堡茶、湖南黑茶和湖北茯砖茶，经合理存放后，会生成受茶人欢迎的新香型；隔年的闽北武夷岩茶，反而香气馥郁，滋味醇厚。

2. 调配茶具的基本要求

选配茶具，除了看茶具的使用性能外，它的艺术性、制作得精细与否，又是人们选择的另一个重要标准。如果是一位收藏家，那么他对茶具艺术品位的追求，胜过对茶具本身实用性的要求。

（1）因茶制宜选茶具。古往今来，大凡具有品茗的情趣的人，都注重品茗的韵味，崇尚意境高雅，强调“壶添品茗情趣，茶增壶艺价值”。认为好茶好壶，犹似红花绿叶，相映生辉。对一个爱茶人来说，不仅要会选择好茶，还要会选配好茶具。在历史上，有关因茶制宜选配茶具的记述有很多。

唐代陆羽通过对各地所产瓷茶具进行比较后认为：“邢（今河北巨鹿、广宗以西，底河以南，沙河以北一带）不如越（今浙江绍兴、萧山、浦江、上虞、余姚等地）。”这是因为唐代人们喝的是饼茶，这种茶须烤炙研碎后，再进行煎煮，所得茶汤呈白红色，即淡红色。将茶汤倾入瓷茶具后，汤色就会因瓷色的不同而起变化。“邢州瓷白，茶色红；寿州（今安徽寿县、六安、霍山、霍邱等地）瓷黄，茶色紫；洪州（今江西修水、锦江流域和南昌、丰城、进贤等地）瓷褐，茶色黑，悉不宜茶。”而越瓷青色，倾入淡红色的茶汤，呈绿色。陆羽从茶叶欣赏的角度，提出了“青则益茶”，认为青色越瓷茶具为上品。而同是唐代的皮日休和陆龟蒙则从茶具欣赏的角度提出了茶具以色泽如玉、又有画饰的为最佳。

从宋代开始，饮茶习惯逐渐由煎煮改为“点注”。团茶研碎经“点注”后，茶汤色泽已近白色了。这样，唐时推崇的青色茶碗也就无法有效地衬托出白色。而此时人们饮茶已不再用碗而改用盏了。这样对盏色的要求也就又有了不同：“盏色贵黑青”，认为黑釉茶盏才能反映出茶汤的色泽。宋代蔡襄在《茶录》中写道：“茶色白，宜黑盏。建安（今福建建瓯）所造者绀黑，纹如兔毫，其坯微厚，之久热难冷，最为要用。”由此可见，蔡氏特别推崇“绀黑”的建安兔毫盏。

明代，人们已由宋时饮团茶改饮散茶。明代初期饮用的芽茶，茶汤已由宋代的白色变为黄白色，这样对茶盏颜色的要求不再是黑色了，而是时尚的白色。有史料记载，明代的屠隆就认为茶盏“莹白如玉，可试茶色”；明代张源在《茶录》中也写道：“茶瓯以白磁为上，蓝者次之。”明代中期以后，随着瓷器茶壶和紫砂茶具的兴起，人们不再要求茶汤与茶具色泽要有直接的对比与衬托关系，而是把饮茶的注意力转移到茶汤的韵味上来了。对茶叶色、香、味、形的要求，主要侧重在“香”和“味”上。人们开始对茶具特别是对壶的色泽，并不给予较多的注意，而是追求壶的雅趣。明代冯可宾在《介茶笺》中就写道：“茶壶以小为贵，每客小壶一把，任其自斟自饮方为得趣。何也？壶小则香不涣散，味不耽搁。”可见，人们开始强调茶具选配得体，才能尝到真正的茶香味。

清代以后，茶具的品种增多、形状多变、色彩多样，再配之以诗、书、画、雕等艺术表现形式，从而把茶具制作推向新的高度。随着多茶类的出现，又使人们对茶具的种类与色泽，质地与式样，以及茶具的轻重、厚薄、大小等提出了新的要求。

一般来说，饮用花茶，为有利于茶叶香气的保持，可选用壶泡茶，然后斟入瓷杯饮用；饮用大宗红茶和绿茶，由于注重茶的韵味，可选用有盖的壶、杯或碗泡茶；饮用乌龙茶则重在“啜”，宜用紫砂茶具泡茶；饮用红碎茶与功夫红茶，可用瓷壶或紫砂壶来泡茶，然后将茶汤倒入白瓷杯中饮用；如果是品饮西湖龙井、洞庭碧螺春、君山银针、黄山毛峰等细嫩名茶，则用玻璃杯直接冲泡最为理想；至于其他细嫩名优绿茶，除选用玻璃杯冲泡外，也可选用白色瓷杯。应引起注意的是不论冲泡何种细嫩名优绿茶，茶杯均宜小不宜大，其原因有三：大则水量多、热量大，会将茶叶泡熟，使茶叶色泽失却绿翠，其次会使芽叶软化，不能在汤中林立，失去姿态；第三会使茶香减弱，甚至产生“熟汤味”。

此外，冲泡红茶、绿茶、黄茶、白茶，使用盖碗，也是可取的。在我国民间，就有“老茶壶泡，嫩茶杯冲”之说。这是因为较粗老的茶叶用壶冲泡，一则可保持热量，这有利于茶叶中的水浸出物溶解于茶汤，增加茶汤中的有益于人体的成分；二则原料粗老的茶叶缺乏观赏价值，若用杯来泡，敬客，不大雅观，用壶泡则可避免失礼之嫌。而细嫩的茶叶，用杯冲泡，一目了然，物质享受和精神欣赏两全齐美。

(2) 因地制宜选配茶具。中国地域辽阔，各地的饮茶习俗不同，故对茶具的要求也就不一样。

长江以北一带，人们大多喜爱选用有盖瓷杯冲泡花茶，以保持花香，或者用大瓷壶泡茶，尔后将茶汤倾入茶盅中饮用。

在长江三角洲沪杭宁和华北京津等地的大中城市，人们喜好品饮细嫩名优茶，既要闻其香，啜泣其味，还要观其色，赏其形，因此，特别喜欢用透明玻璃杯或白瓷杯泡茶。

在江浙一带的许多地区，人们饮茶注重茶叶的滋味和香气，因此，喜欢选用紫砂茶具泡茶，或用有盖瓷杯沏茶。

福建及广东潮汕一带，人们习惯于用小杯啜乌龙茶，故选用“烹茶四宝”——潮汕风炉、玉书碨、孟臣罐和若琛瓯泡茶，以鉴赏茶的韵味。潮汕风炉是一只缩小了的粗陶炭炉，专做加热之用；玉书碨是一把缩小了的瓦陶壶，高柄长嘴，架在风炉之上，专做烧水之用；孟臣罐是一把比普通茶壶小一些的紫砂壶，专做泡茶之用；若琛瓯是 2～4 只只有半个乒乓球大小的小茶杯，每只只能容纳 4 mL 茶汤，专供饮茶之用。小杯啜乌龙，与其说是解渴，还不如说是为了闻香玩味。这种茶具往往又被看作是一种艺术品。

四川人饮茶特别钟情盖茶碗。喝茶时，左手托茶托，这样就不会烫手；右手拿茶碗盖，用以拨去浮在汤面上的茶叶。用盖茶碗泡茶，加上盖，能够保香；去掉盖，又可观姿察色。选用这种茶具饮茶，颇有清代遗风。

至于在我国边疆少数民族地区，人们至今多习惯于用碗喝茶，古风犹存。

(3) 因人制宜选配茶具。不同的人用不同的茶具，这在很大程度上反映了人们不同的社会地位与身份。在陕西扶风法门寺地宫出土的茶具表明，唐代皇宫贵族选用金银茶具、秘色瓷茶具和琉璃茶具饮茶；而陆羽在《茶经》中记述的同时代的民间饮茶用的却是瓷碗。清代的慈禧太后对茶具更是讲究，她喜用白玉作杯、黄金作托的茶杯饮茶。

历代的文人墨客，都特别强调茶具的“雅”。宋代文豪苏东坡在江苏宜兴蜀山讲学时，自己设计了一种提梁式的紫砂壶，独自烹茶品赏，“松风竹炉，提壶相呼”。这种提梁壶，至今仍为茶人所推崇。清代江苏溧阳知县陈曼生，爱茶尚壶。他工诗文，擅书画、篆刻。他曾去宜兴与制壶高手杨彭年合作制壶。由陈曼生设计，杨彭年制作，再由陈曼生镌刻书画的作品，人称“曼生壶”，为鉴赏家所珍藏。

现代人饮茶时，对茶具的要求虽然没那么考究，但也根据各自的饮茶习惯，结合自己对壶艺的要求，选择最喜欢的茶具。一旦有宾客登门，则总想把自己最好的茶具拿出来招待客人。

另外，因职业有别，年龄不一，性别不同，对茶具的要求也不尽相同。如，老年人注重茶的韵味，要求茶叶香高味浓，重在物质享受，因此，多用茶壶泡茶；年轻人常以茶会友，要求茶叶香清味醇，重在精神品赏，因此，多用茶杯沏茶。男人习惯于用较大素净的壶或杯斟茶；女人爱用小巧精致的壶或杯冲茶。脑力劳动者崇尚用雅致的壶或杯泡茶，然后细品缓啜；体力劳动者常选用大杯或大碗冲茶，然后大口急饮。

（4）因具制宜选配茶具。尽管人们的爱好多种多样，但在选用茶具时，以下三个方面却是需要加以考虑的：一是要有实用性；二是要有欣赏价值；三是有利于茶性的发挥。不同质地的茶具，这三方面的性能是不一样的。

◆瓷茶具一般来说，各种瓷茶具，保温、传热适中，能较好地保持茶叶的色、香、味、形，而且洁白卫生，不污染茶汤。如果是加上了图文装饰的瓷茶具，又含有艺术欣赏价值。

◆紫砂茶具用紫砂茶具泡茶，既无熟汤味，又可保持茶的真香。加之其保温性能好，即使在盛夏酷暑，茶汤也不易变质发馊。但紫砂茶具色泽多数深暗，不论是用它泡红茶、绿茶、乌龙茶，还是黄茶、白茶和黑茶，对茶叶的汤色均不能起衬托作用；对外形美观的茶叶，也难以观姿察色，这是其美中不足之处。

◆玻璃茶具玻璃茶具透明度高，用它冲泡高级细嫩名茶，茶姿汤色历历在目，可增加饮茶情趣，但它传热快，不透气，茶香容易散失。所以，用玻璃杯泡花茶，就不是很适合。

◆搪瓷茶具搪瓷茶具具有坚固耐用、携带方便等优点，人们在车间、工地、田间，甚至出差旅行，常用它来饮茶。但它易灼手烫口，不宜用它泡茶待客。

◆塑料茶具塑料茶具因质地关系，常带有异味，这是饮茶之大忌，最好不用。至于那种无色、无味、透明的一次性塑料软杯，在旅途中用来泡茶也时有所见，由于它是为了卫生和方便旅客而经过特殊处理的，与通常的塑料茶具不同。

20世纪60年代以来，在市场上还出现过一种保暖茶具，大的如保暖桶，常见于工厂、机关、学校等公共场所；小的如保暖杯，一般为个人独用。用保暖茶具泡茶，会使茶叶因泡熟而使茶汤泛红，茶香低沉，失却鲜爽味。但用它来冲泡大宗茶或较粗老的茶叶较为合适。

至于金玉茶具、竹编茶具、脱胎漆茶具等其他茶具，或因价格昂贵，或因做工精细，或因艺术价值高，平日很少有人用它来泡茶，往往作为一种珍品供人收藏或者作为一种礼品馈赠亲友。

劳动和社会保障部教材办公室组织编写
国家职业技能鉴定操作技能强化训练（学生取证专用）

- 各级各类职业院校学生职业技能鉴定专用
- 依据职业技能鉴定考核要点编写
- 版式新颖独特，着重强化操作技能
- 中国劳动社会保障出版社独家出版发行

1. 计算机操作员（中级） 配光盘
2. 计算机操作员（高级）
3. 计算机维修工（中级） 配光盘
4. 计算机维修工（高级）
5. 计算机程序设计员（国家职业资格四级） 配光盘
6. 计算机程序设计员（国家职业资格三级）
7. 多媒体作品制作员（国家职业资格四级） 配光盘
8. 高级多媒体作品制作员（国家职业资格三级）
9. 电子商务员（国家职业资格四级） 配光盘
10. 助理电子商务师（国家职业资格三级） 配光盘
11. 车工（中级） 配光盘
12. 车工（高级）
13. 装配钳工（中级） 配光盘
14. 装配钳工（高级）
15. 维修电工（中级） 配光盘
16. 维修电工（高级）
17. 加工中心操作工（中级） 配光盘
18. 焊工（中级）
19. 制冷工（中级）
20. 制冷工（高级）
21. 家用电子产品维修工（中级） 配光盘
22. 家用电子产品维修工（高级）
23. 家用电器产品维修工（中级）
24. 汽车驾驶员（中级）
25. 汽车修理工（中级） 配光盘
26. 汽车修理工（高级）
27. 营养配餐员（中级）
28. 营养配餐员（高级）
29. 中式烹调师（中级）
30. 中式烹调师（高级）
31. 中式面点师（中级）
32. 西式面点师（中级）
33. 西式烹调师（中级）
34. 秘书（国家职业资格四级）
35. 美容师（中级）
36. 美容师（高级）
37. 美发师（中级）
38. 美发师（高级）
39. 客房服务员（中级）
40. 前厅服务员（中级）
41. 餐厅服务员（中级）
42. 插花员（中级）
43. 服装制作工（中级）
44. 服装制作工（高级）
45. 物业管理员（国家职业资格四级）
46. 营销师（国家职业资格二级）
47. 营业员（中级）
48. 推销员（中级）
49. 助理物流师（国家职业资格三级）
50. 广告设计师（国家职业资格三级）
51. 室内装饰设计员（中级）
52. 装饰美工（中级）
53. 计算机网络管理员（国家职业资格四级）
54. 茶艺师（中级）
55. 美甲师（中级）